VEG EN VLUG

MANNE EN VROUE VERTEL HUL WARE VER-
HALE UIT DIE **ANGLO-BOEREOORLOG**

Saamgestel deur J.C. Steyn

TAFELBERG

© 1999 Tafelberg-Uitgewers Beperk,
Waalstraat 28, Kaapstad 8001
Alle regte voorbehou.
Omslagontwerp deur Oswald Kurten
Geset in 11.5 op 13.5 Century Light
deur Oswald Kurten, ALINEA STUDIO, Kaapstad
Gedruk en gebind deur Nasionale Boekdrukkery,
Drukkerystraat, Goodwood, Wes-Kaap
Eerste uitgawe 1999

ISBN 0 624 03800 9

Inhoud

Voorwoord

Die vertellings in hierdie versameling is ware verhale oor ontsnappings en ander avonture uit die Anglo-Boereoorlog. Elke vertelling is 'n spannende klein ware verhaal met sy eie verrassende kinkel of dramatiese element. Die deurlopende tema is dié van gewone mense se vindingrykheid, deursettingsvermoë en opofferinge in doodsgevaar of ander ontberings in die oorlog. Die bydraes is in twee afdelings verdeel: die eerste bevat vertellings oor die vegtendes, dit wil sê die mans en seuns, die tweede oor nie-vegtendes, dus die vroue en meisies.

Met so 'n versameling is dit onmoontlik om 'n volledige beeld van die oorlog te gee. Dit is beslis ook nie die oogmerk van die bundel nie. Daar bestaan in elk geval verskeie oorsigtelike werke, soos *Die Anglo-Boereoorlog 1899-1902* en *Kommandolewe tydens die Anglo-Boere-oorlog 1899-1902* deur Fransjohan Pretorius, *Geskiedenis van die Tweede Vryheidsoorlog 1899-1902*, deel I tot VI, deur J.H. Breytenbach (wat ongelukkig net tot Augustus 1900 strek), *Die Boere-oorlog* deur Thomas Pakenham en die heruitgawe van G.D. Scholtz se *Die Tweede Vryheidsoorlog 1899-1902*, wat iets meer uitgebreid deel vorm van *Die ontwikkeling van die politieke denke van die Afrikaner,* deel V (1899-1910).

Scholtz gee in laasgenoemde werk 'n nuttige indeling van die verloop van die stryd: eers die mislukte republikeinse offensief van Oktober tot November 1899, daarna die mislukte eerste Britse offensief van November 1899 tot Januarie 1900, vervolgens die geslaagde tweede Britse offensief van Februarie tot September 1900 en ten slotte die guerrillastryd van ongeveer September 1900 tot Mei 1902. (Volgens sommige historici het dié fase reeds vroeër begin.)

Die meeste van die stukke in hierdie versameling handel oor gebeurtenisse in die laaste fase. 'n Groot aantal is ontsnappings of ontsnappingspogings. Ontsnapping is een van die belangrikste temas in veral die populêre oorlogsliteratuur – en die aard van die Anglo-

Boereoorlog het daartoe bygedra dat vlug, gevangeneming en ontsnapping 'n algemene aktiwiteit van sowel die vegtendes as die nievegtendes was. In die guerrillastryd was toeslaan op die vyand en wegvlug daarna die vernaamste element; die Britse reaksie daarop, naamlik die verwoesting van plase en die wegvoer van plaasvroue en -kinders na die konsentrasiekampe, het daartoe gelei dat baie vroue en hul gesinne steeds voor die Britse kolonnes uitgevlug het.

Vanuit Boerekant gesien, was een van die belangrikste ontsnappings dié van pres. M.T. Steyn in Julie 1901 op die Vrystaatse dorp Reitz. Vir die verloop van die oorlog was die gebeurtenisse dié wintermôre op die Vrystaatse Hoëveld van soveel belang omdat pres. Steyn die "siel van die vryheidstryd" was, soos genl. Louis Botha hom genoem het. Dat die President twee jaar uit die hande van die vyand kon bly in 'n betreklik maklik begaanbare gebied van hoofsaaklik vlaktes, bulte en vleie is een van die merkwaardigste prestasies van die oorlog.

Pres. Steyn se eie vertelling van sy noue ontkoming was op sigself merkwaardig. Prof. J.J. Smith van Stellenbosch, redakteur van *Die Huisgenoot*, het pres. Steyn 'n paar maande ná die oprigting van die tydskrif in 1916 gevra om dit te skryf. Kort nadat pres. Steyn dit gedoen het, is hy op 28 November 1916 oorlede. Pres. Steyn het die redakteur gevra om hom, indien moontlik, nie in die eerste persoon te laat praat nie. Die redakteur het sy wens verontagsaam in die stuk wat in Desember 1916 verskyn het. "Nu onze president, die nimmer zichzelf op de voorgrond plaatste, uit ons midden is heengegaan, meenden wij, dat wij niets aan dit stuk mochten veranderen. Het zal voor velen van ons zijn of zij hem zelf horen spreken." Dié nommer van *Die Huisgenoot*, toe nog *De Huisgenoot*, bevat ook 'n kort artikel in Afrikaans oor die dood van Steyn, "die grootste soon van Suid-Afrika", wat "deur die onverbiddelike dood aan ons is ontruk". Vir hierdie versameling is sy vertelling in Afrikaans oorgesit.

Pres. Steyn se verslag word aangevul deur die vertelling van die man wat hom help wegkom het, naamlik sy kok en lyfbediende Ruiter, soos opgeteken deur Sannie Steyn in *Die Huisgenoot* van 17 Julie 1942. Daar is enkele verskilletjies tussen die twee stukke; so het Ruiter volgens pres. Steyn die woord "Oubaas" gebruik om hom aan te spreek, en volgens Sannie Steyn se vertelling "Meneer".

Ook twee Afrikaanse skrywers, G.R. von Wielligh en Jan F.E.

Celliers, beskryf hul ontvlugtingspogings. Albei was voor die oorlog bekende ingesetenes van Pretoria en is ná die val van die ou Transvaalse hoofstad daar vasgekeer. Albei wou graag by die kommando's uitkom om hul plig teenoor die republiek te doen.

Celliers se oorlogsdagboek is in 1978 in die oorspronklike Nederlands uitgegee met waardevolle annotasies deur A.G. Oberholster. In die jare dertig het hy sy herinneringe ook in twee reekse vir *Die Huisgenoot* verwerk. Sy ontsnappingsverhaal het in twee aflewerings in Desember 1934 verskyn. G.R. von Wielligh se vertelling is deel van 'n reeks wat hy in 1926 in *Die Huisgenoot* geskryf het.

Ook die ander vertellings in hierdie versameling was oorspronklik in *Die Huisgenoot*. Dit is in werklikheid maar 'n klein keuse uit die talle oorlogsherinneringe wat *Die Huisgenoot* in die jare dertig en veertig geplaas het. Sommige daarvan is later in boekvorm uitgegee, soos *Die oorlogsavonture van genl. Wynand Malan* deur H.J.C. Pieterse (Déki) en *Op die Natalse front* en *Op die Transvaalse front* van E.J. Weeber, van wie een vertelling in die versameling opgeneem is.

Die Huisgenoot het veral vanaf die vroeë dertigerjare, onder J.M.H. (Markus) Viljoen as redakteur, stukke oor die oorlog geplaas. Viljoen, wat 'n M.A.-graad in geskiedenis aan die Transvaalse Universiteitskollege (tans Universiteit van Pretoria) gehad het, skets in sy herinneringe, *'n Joernalis vertel* (1953), die agtergrond van dié tydskrif se publisiteit aan die oorlog. Dit was 'n tyd van verwarring en onsekerheid, en "ook op die gebied van die volk se geesteslewe was daar twyfel en 'n tasting na vaste waardes". Die vraag het toe by hom opgekom in hoever *Die Huisgenoot* kon meehelp om die volk weer met moed en idealisme te besiel sonder om bewus lerend op te tree. Hy was van mening dat daar net een middel was: "ek moes die volk voortdurend herinner aan die mees heroïeke tydperke in sy geskiedenis", onder meer die Anglo-Boereoorlog. Die nadruk het geval op die avontuurlike en die heroïese, "ten einde myself te beskerm teen die papegaaikreet van rassehaat en politiek" (bl. 115). Hy skryf ook dat daar op skool soos die graf geswyg is oor dié tydperk, en dat *Die Huisgenoot* waarskynlik die eerste stoot gegee het tot die latere ywerige navorsing in verband met die oorlog (bl. 116).

Die eerste algemene artikels het soveel belangstelling onder lesers in alle kringe gewek dat *Die Huisgenoot* op 18 September 1936 'n wedstryd vir oorlogsveterane uitgeskryf het om die belangstelling in die oorlog daadwerklik aan te moedig. Daar is min mense wat die verloop van die stryd met genoegsame kennis gadegeslaan het om daaroor 'n bydrae te kan lewer wat van geskiedkundige waarde is, skryf die redakteur. "Duisende het egter merkwaardige ervarings beleef wat 'n spannende verhaal kan oplewer, en aan hulle wil ons nou die geleentheid gee om een en ander daarvan aan lesers van *Die Huisgenoot* mee te deel.

"Wat ons verlang, is dat hulle moet vertel van een of ander merkwaardige avontuur – hetsy 'n stukkie knap speurwerk wat met groot gevaar gepaard gegaan het, 'n noue ontkoming of 'n waaghalsige onderneming – wat hulle gedurende die Tweede Vryheidsoorlog beleef het." Met die skryfwerk kan hulle die hulp van 'n vriend inroep, maar die hoofsaak is "dat die besonderhede van die verhaal in alle opsigte juis moet wees".

Die Huisgenoot het 'n groot aantal bydraes ontvang en het op 22 Januarie 1937 geskryf dat die heldedade wat aan die lig gekom het, die blad "andermaal onder die diepe indruk gebring" het van die "bykans ongelooflike dapperheid" van die burgers in die ongelyke stryd teen Engeland. "Hul taaie volharding, bykans bowemenslike moed en hul offervaardigheid is 'n voorbeeld wat die nageslag tot in die verste toekoms behoort te inspireer." Wat *Die Huisgenoot* veral getref het, is "die algehele afwesigheid van 'n neiging om met eie prestasies te spog. Een waagstuk na die ander word vermeld asof dit die allergewoonste dinge is wat plaasgevind het in plaas van dade van dapperheid wat nagenoeg elkeen van die deelnemers aan die worstelstryd, indien hulle tot een van die Europese volkere behoort het, die hoogste militêre onderskeiding sou verseker het."

Die doel van die wedstryd was nie alleen om interessante ontspanningsleesstof te verkry nie, maar veral om die jonger geslag 'n kykie te gee in een van die roemrykste tydperke in die geskiedenis van die Afrikanervolk, en om by die oorgeblewe veterane opnuut belangstelling op te wek in die teboekstelling van hul herinneringe. "Daar leef vandag nog baie oud-stryders wat dinge beleef en deurgemaak het wat aan die vergetelheid ontruk behoort te word." Omdat hulle stadig minder word, is dit nodig om hul herinneringe te laat opteken voordat dit te laat is.

Nog 'n paar maande later, op 2 Julie 1937, skryf *Die Huisgenoot* dat hy nie glo dat hy al 'n reeks artikels geplaas het wat met soveel belangstelling gelees is nie. "Baie lesers het aan ons geskryf dat hulle eksemplare van *Die Huisgenoot* letterlik stukkend gelees is, want dit moes telkens die ronde van die hele buurt doen, en mense wat maar selde 'n tydskrif lees, het die artikels met gretigheid verslind. Wat ons veral getref het, was die groot belangstelling van jong lesers en leseresse. Vir hulle was die verhale van die oorlogsveterane in baie gevalle 'n openbaring, want hoewel hulle al dikwels gehoor het van die dapperheid en offervaardigheid van die Boere, was dit maar net 'n oorlewering wat al so langsamerhand begin vervaag het, veral namate die ou veterane die een na die ander van die toneel verdwyn."

Dit gebeur buitendien maar selde dat die ouer geslag oorlogsverhale aan die jongeres meedeel, "waarskynlik omdat die Afrikaner beskeie van aard is en nie graag die indruk wil verwek van te spog met eie prestasies nie". Die artikels het vir die jonger geslag konkrete voorbeelde gegee van "die bykans bowemenslike moed" van die ou "Bittereinders", en die geskiedenis van die oorlog het vir hulle as 't ware konkrete gestalte aangeneem. "Dit was nie meer 'n vae oorlewering nie, maar hulle het kennis gemaak met lewende persone en die ou Boer, wat vandag dikwels veragtelik as 'n agtervelder bestempel word, in 'n nuwe lig gesien."

Om die kennis in verband met die oorlog verder te verbrei, het *Die Huisgenoot* op 2 Julie 1937 nog 'n wedstryd uitgeskryf. "Ons wil naamlik die vroue, wat nie minder as die mans opgeoffer het nie, hierdie keer 'n kans gee om hul ervarings mee te deel." Die versoeking is groot om geen perke te stel nie, "maar ons vrees dat die resultaat miskien te hartroerend sal wees" en daarom het *Die Huisgenoot* hom bepaal tot gebeurtenisse buite die konsentrasiekampe. Baie vroue het buite die kampe allerlei interessante en spannende avonture beleef. Hulle is genooi om "nie oor ontberinge of die leed wat hulle moes deurstaan" uit te wei nie, maar hulle te beperk tot "die avontuurlike sy van die gebeurtenisse", soos hoe hulle die vyand soms uitoorlê of op buitengewone wyse ontsnap het, watter gevare hulle soms moes trotseer en hoe die vindingrykheid van die Boervrou daarby te pas gekom het. Die verhale moet spannend wees en nie maar net 'n opstapeling van tragiese gebeurtenisse nie. "Ons wil naamlik aan die nageslag toon dat die vroue in oomblikke van gevaar net so vindingryk was as die mans. Humoristiese voorvalle kan ook vermeld word, solank die mededeling as geheel interessant en boeiend is."

Die blad het weer eens 'n groot aantal bydraes ontvang. Op 22 Oktober 1937 skryf *Die Huisgenoot* dat hy getref is deur die vindingrykheid van die Boervrou. Baie van die Boervroue was fyn opgevoed en het nie so iets as gebrek geken nie, maar toe die nood aan die man kom, was geen moeilikheid vir hulle te groot om te oorwin nie. Meermale het dit selfs gebeur dat hulle uit hul eie skrale voorraad kos en klere ook nog in die behoeftes van die vegtende burgers kon voorsien.

'n Ander opmerklike kenmerk is die algehele afwesigheid van enige sweem van bitterheid. Van die grootste ontberinge en opofferings word melding gemaak asof dit iets alledaags is, wat wel op daardie oomblik swaar was, maar eenvoudig vermeld word as 'n geringe insident uit 'n veelbewoë tydperk. "En andermaal het ons gevoel watter belangrike terrein hier nie alleen vir die historikus nie, maar ook vir die romanskrywer braak lê. Ons hoop dus dat hierdie bydraes ons skrywers sal aanspoor om ook hul aandag te vestig op hierdie roemryke tydperk in ons geskiedenis."

Die besondere gewildheid van die wedstryde het *Die Huisgenoot* laat besluit om nog 'n geleentheid te gee om 'n besondere aspek daarvan te belig. Dié keer was die opdrag egter moeiliker – die lesers is uitgenooi om te skryf oor die buitengewone prestasies van diere tydens die oorlog. Die redaksie het veral gedink aan "die mens se twee getrouste dienaars en vriende, die perd en die hond". Die blad skryf dat mens dikwels kan lees van die wonderlike dade van die Arabier se perd, van sy buitengewone intelligensie en hoe hy liewer sy lewe sal prysgee as om sy baas te verlaat. "Die Boerperd, wat, tussen hakies, in die oorlog sy graf gevind het, het ook Arabiese bloed in sy are gehad, en ons is oortuig daarvan dat dit nie net sy uithouvermoë is wat verdien om in die geskiedenis van die oorlog verewig te word nie."

Die redakteur gee 'n voorbeeld van so 'n diereverhaal waarmee hy bekend was: Op 'n plaas op die Hoëveld het die hond ontsnap toe die huis afgebrand en sy nooi met haar gesin weggevoer is. Hy het by 'n getroue bejaarde swart werker sy intrek geneem, maar tot die end van die oorlog noukeurig onderskei tussen Tommies en Boere – glo selfs toe die Boere later verplig was om Kakieklere te dra! – en hom altyd uit die voete gemaak sodra 'n Engelse kolonne in aantog was. Maar die redakteur het tog veral belang gestel in die verhale oor "die wonderlike Boerperde, wat die roemrykste kordaatstukke van die Boere moontlik gemaak het".

Ook by dié geleentheid (13 Januarie 1939) het die redakteur die skrywers dit op die hart gedruk dat hul mededelings in alle opsigte juis moes wees. "Waar 'n verhaal nie op eerstehandse kennis berus nie, moet dit noukeurig gekontroleer word" totdat die skrywer oortuig is dat die feite "nie in die minste aan twyfel onderhewig is nie".

Die skrywers het inderdaad veral die trou en kameraadskap van die perde beskryf, maar ook dié van honde; daarby het 'n paar ander diere ook af en toe as "helde" opgetree. Die skrywers het die verhale sober en sonder opsmuk vertel. "Selfs al het ons nie hul uitdruklike versekering gehad dat elke besonderheid letterlik waar is nie, sou die nugtere eenvoud waarmee hulle dit beskryf al genoeg gewees het om 'n mens van die egtheid daarvan te oortuig."

Die geesdrif waarmee die wedstryd begroet is, het nie net geblyk uit die groot aantal inskrywings nie, maar ook uit die briewe wat die bydraes vergesel het. 'n Hele paar lesers het voorgestel dat uit dankbaarheid teenoor die Boerperd – en die redakteur herhaal op 19 Mei 1939 'n vroeëre stelling: "wat in die oorlog sy graf gevind het" – nog eendag 'n monument vir hom opgerig moet word. "Hy het dit moontlik gemaak dat die burgers die stryd so lank kon volhou. Sy uithouvermoë en skerpsinnigheid, wat uit verskillende van hierdie verhale blyk, is byna ongelooflik. Hy moes soms lang tye feitlik sonder kos klaarkom en het tog die Engelse perde telkens in die skadu gestel. Dat die Boerperd eendag vereer word met 'n gedenkteken, sal seker die hartlike goedkeuring wegdra van elkeen wat bewondering oor het vir die trou en uithoudingsvermoë van 'n dier."

Hoewel *Die Huisgenoot* in die Tweede Wêreldoorlog baie dun geraak het weens papierskaarste, is steeds vertellings uit en artikels oor die oorlog geplaas. So het daar in 1942 en 1948 reekse verskyn oor getroue agterryers, bruin maar veral swart mans wat saam met hul Boerewerkgewers op kommando was. In sekere sin het hierdie vertellings die lesers gehelp om die swart mense in 'n ander lig te sien. In party van die vertellings in *Die Huisgenoot*, maar ook in boeke oor die oorlog, was daar talle verwysings na die soms wrede optrede van swartes teen veral die vroue. Die vlugtende vroue se grootste vrees was om in die hande van joiners en swart gewapendes in Britse diens te val. *Die Huisgenoot*-wedstryd het die aandag gevestig op 'n bepaalde kategorie swart mense se getrouheid en opoffering. 'n Vrystaatse generaal, genl. G.J. Joubert, het op 20 Februarie 1948 in *Die Huisgenoot* geskryf dat hy die meeste agterryers gesien en hul wedervarings in die oorlog waargeneem het. "Hoewel ek van gevalle weet waar agterryers ontrou geword en oorgeloop het na die vyand, kan ek met die grootste vrymoedigheid konstateer dat die agterryers wonderlik diensvaardig was en getrou aan die Boeresaak – in baie gevalle tot die dood toe, selfs waar sommige se werkgewers na die vyand oorgeloop het."

Van die skrywers het dan ook verklaar dat hulle bly is vir die geleentheid om te boekstaaf watter dienste die agterryers aan die kommando's bewys het. 'n Tipiese opmerking is dié van adjudant J.N. Brink, DTD, wat op 5 Maart 1948 skryf: "Ek wil hier gebruik maak van die geleentheid wat *Die Huisgenoot* ons bied om meer bepaald 'n lansie te breek in verband met die prestasies van agterryers op kommando. Soos die geval tans is met die oud-stryders van daardie oorlog, het baie agterryers ook reeds van die toneel verdwyn, en diegene wat nog in die lewe is, is ook reeds oud en swak. Die oorlogsdade van sommige van hulle behoort alte seker geboekstaaf te word voordat dit te laat is." Terloops moet 'n mens hier meld dat die benamings *kleurling* en *gekleurde*, wat in sommige vertellings voorkom, destyds ook kon verwys na swart mense.

Algaande het *Die Huisgenoot* se bydraes oor die Anglo-Boereoorlog verminder. Die belangstelling in die Tweede Wêreldoorlog het daarenteen groter geword.

Van Oktober 1949 tot in 1952 was daar weer 'n oplewing in die belangstelling. Die stryd van 'n halfeeu tevore is in herinnering geroep. In die loop van die herdenkingsjare het 'n hele paar skitterende oorsigtelike artikels verskyn wat geskryf is deur historici wat oor die oorlog navorsing gedoen het, soos J.H. Breytenbach, W.J. de Kock, D.W. Krüger en M.C.E. van Schoor.

Nadat die blad byna twee dekades die belangstelling in die oorlog gaande gehou het, het *Die Huisgenoot* op 22 Mei 1953 die skrywery tot 'n einde gebring. In 'n hoofartikel "Genoeg herinneringe van oudstryders?" skryf die tydskrif dat die meeste wat geskryf word, maar net variasies is "van wat ons reeds weet: miskien is die terrein en die persone anders, maar tot ons kennis van die basiese feite en die omstandighede word weinig bygedra". Dan, skryf die redakteur, is daar ook al hoe meer twyfel aan die geloofwaardigheid van herinneringe wat nog opgeteken word. "Dit is moeilik vir 'n mens om te onthou wat 'n halfeeu gelede gebeur het en nog moeiliker vir bejaardes wie se geheue al begin faal, soos die meeste oorlewende oud-stryders vandag moet wees."

Die Huisgenoot skryf hy sal nog herinneringe publiseer as hulle om 'n besondere rede interessant of aktueel is of 'n bydrae tot ons kennis kan lewer. "Maar ons deel nie die opvatting dat vertellings interessant is en publikasie verdien net omdat die verteller 'n oud-stryder is nie" (22 Mei 1953).

Die meeste van die stukke in hierdie versameling het tussen 1936 en 1953 in *Die Huisgenoot* verskyn. Party korteres kom uit die rubriek "By die Uitspanning", wat baie gewild was en soms ook vertellings uit die oorlog bevat het. Die meeste stukke is nie so goed geskryf dat dit taal- of letterkundig noodsaaklik is om hulle in hul oorspronklike vorm te behou nie. Verskeie bydraes is dus verkort, soms selfs sterk verkort, en ook enkele ander veranderings is aangebring. So is benamings vervang wat nie as aanstoot bedoel was nie, maar vandag onbedoeld aanstoot sou gee. Besonderhede, wat nie meer ter sake is nie, byvoorbeeld van mense wat ten tyde van die skrywe van die stukke nog in lewe was, is weggelaat. Soms is sintaktiese en strukturele wysigings aangebring deur byvoorbeeld gegewens wat logies bymekaar hoort, bymekaar te plaas. Daar is egter geen verandering aan die mededelings as sodanig nie. Inleidings deur die samesteller word telkens in 'n ander lettertipe geset, en sy kommentaar op die teks tussen vierkanthake geplaas.

Ten slotte wil ek graag mnr. P.A. Joubert bedank vir sy werk aan die versameling. Hy het goeie raad gegee oor die samestelling van die bundel, 'n keuse gedoen uit die bydraes wat aanvanklik voorgelê is en gehelp met die verkorting en redigering.

J.C. STEYN

DEEL I
AVONTURE IN DIE VUURLINIE

Jan F.E. Celliers vlug as vrou

Die republikeinse leër waarby Jan F.E. Celliers was, is op 29 Mei 1900 deur die aanrukkende Britse magte na Pretoria teruggedryf. In sy dagboek vertel hy dat hy skriftelik verlof gekry het om tuis te bly "tot nadere orders" – maar dié "orders" het "nooit genader of gearriveer" nie. Op 4 Junie, terwyl die Britte die stad gebombardeer het, het 'n kennisgewing verskyn dat die regering uitgewyk het en dat die burgers ook die stad mag verlaat. Celliers was baie neerslagtig en kon nie tot 'n besluit kom nie. Hy het verneem dat die staatsprokureur, J.C. Smuts, die latere generaal, nog tuis was en op vertrek staan. Celliers is na sy huis, maar Smuts het kortaf geweier om hom saam te neem.

In Junie en Julie, skryf Celliers, het hy in die strate rondgestap. Die nuwe bestuur van die stad het besluit dat alle Pretorianers die eed van neutraliteit of trou moes aflê en 'n pas moes dra. "Liewer na Ceylon met my, maar geen van die twee sal ek doen nie." Van toe af het hy hom in sy huis opgesluit en planne beraam om te ontsnap om weer op kommando te kom. Maklik was dit nie, want die hele stad was omring deur doringdrade, wagte en elektriese lampe.

Celliers se "gevangenskap op eie erf" het huisarres begin word, want blykbaar het die Britte vermoed dat hy daar is. Hy het bedags in een van die voorste kamers voor die venster gesit. Die rolgordyn is afgerol totdat daar net 'n skrefie oop was. Daar het hy sit en lees, maar die boek so gehou dat hy kon uitkyk na die tuinhekkie en kon gaan wegkruip as daar 'n Britse soldaat opdaag. Sy verblyf moes vir vriend en vyand geheim gehou word. Soms het hy tog met die geleende pas van 'n vriend die strate ingeloop en by Britse soldate verbygeloop totdat hy weer huis toe kon gaan. Saans het hy partykeer tussen digte sipresbome in die naby-heid gaan loop – en soms vroueklere gedra.

Hy het hom ook as ou vrou vermom toe hulle 'n nuwe swart man as werker in diens geneem het. "Ek moet nou die rol vervul van 'n arme siek vriendin van my vrou, wat hier op besoek is." Maar die misterieuse ou dame het die werker se nuuskierigheid gewek en toe Celliers weer eenkeer agterkom, staan die man buite op sy tone voor die hoë venster en kyk hom in sy gesig aan. "Dit moet vir hom voorwaar nog meer misterieus gewees het om 'n dame met 'n snor te gewaar!"

Dit het onveiliger geraak. Die besetters het talle "neutrale" ingesetenes opgepak en sonder verhoor na die buiteland weggestuur. Celliers vertel verder:

24 Augustus 1900: Soos gewoonlik sit ek agter die gordyn die tuinhekkie en dophou. Die boek in my hand vandag is Scheffel se *Ekkehard* ['n baie populêre roman, in 1855 gepubliseer]. Ek lees juis die hoofstuk waarin staan hoe die held van die verhaal deur 'n vrou uit sy gevangenis verlos word. Onder my gordyn deur sien ek 'n klein, swartgeklede vroutjie by die voorhekkie instap. Ek herken haar dadelik as my niggie, mev. J. Joubert. My vrou ontmoet haar by die voordeur. 'n Oomblik later sien ek haar weer uitstap.

Dit het geskied. Die plan van my ontsnapping is klaar agtermekaar. Dit is die boodskap van daardie vroutjie. Dis kortliks dit: dat ek op 'n dag die plek moet inneem van 'n dame (mej. Malan – later mev. Jan Joubert) wat 'n neutraliteitspas dra en dikwels van hul plaas agter Magaliesberg inkom mark toe met 'n oop trolliewa.

Ek duisel nog van die plan, die plotselinge daarvan … Sal dit geluk, of sal dit nie? Sal hulle my dalk vang en skiet – soos reeds met ander gebeur het? Enige dae, miskien 'n week, sal ek my nog kan bedink. Daar kom meteens berig dat die wa op die oomblik juis in die stad is en dat ek my dadelik gereed moet maak vir vertrek.

Een oomblik staan ek stil om my te bedink om die moontlike gevolge te oorweeg. Pynlik en hard is die stryd, dog gelukkig kort – ek vergeet dit nooit nie. Die kloeke houding van my vrou gee gou die deurslag.

Die noodlot is wreed-genadig as hy ons dadelik voor 'n beslissing plaas, die pistool op die bors, wat die tyd van wik en weeg tussen vrees en vertrou uitskakel. *Nou* moet beslis word.

In haastige opwinding geskied alles nou verder. Ek skeer my. My vrou staan langs my. Sy maak haar bo-rok los. Dit val op haar voete. Sy praat nie 'n woord nie. Ek ook nie. Albei se swye sê: dis 'n *moet* en 'n *gebod* wat geeneen van ons twee nou nog kan verbreek nie. En tog, duidelik voel ek iets in haar houding en gebare, die feit self dat sy die klere van haar eie liggaam afhaal en dit nie êrens in 'n kas gaan soek nie, iets in haar manier van buk om die rok op te tel, wat welsprekend die woorde uit: God, wat vra U van my, arme vrou, op hierdie oomblik?

Ek het 'n rok aan. Oor my skouers hang 'n mantel met hoë, opgeslaande kraag, om my kort hare van agter toe te maak. Op my kop 'n reguitrand-strooihoed, met 'n swaar sluier daaraan, van voor oor my gesig. Ek het 'n paar handskoene aan, my voete gewring in 'n paar hoëhak-dameskoene.

Voor die hek staan nie die wa self nie, maar 'n oop keb-rytuig al vir my en wag; die welbekende wit perd van mev. generaal [Hendrina] Joubert daarvoor, twee seuntjies van mev. [Hendrina] Malan daarin, een van hulle hou leisels. Mev. Malan, dogter van mev. Joubert, het self ook met die rytuig saamgekom. Sy staan al op die stoep. Sy kom my haal om my na die trolliewa te bring wat in die dorp wag by die huis van ds. [H.S.] Bosman. Die afskeid van my vrou is verby amper voordat ek dit weet – so heeltemal ondergeskik is dit aan die groot krisis wat verby, die groot stryd wat beslis is. My driejarige seuntjie kyk op na my en sê: "Groot pappie." Hy ken my gemaklik deur my vermomming heen, en ek lyk groter met die rok aan.

Ek stap in die tuinpaadjie hek toe, mev. Malan langs my. Sy deins meteens agteruit, soos van skrik. Ek kyk en sien vlak voor my 'n Kakie verby die oop hek stap. Maar dis net of iets my nou sê: "Geen nood, alles kom reg." Ek stap vlak by die Kakie verby in die oop rytuig. Met 'n halwe oog neem hy my op en stap deur.

Toe nou maar, die straat op. Nee, draai om, draai om: daar kom 'n hele perdewa met offisiere aan uit die kamp. Ons draai kortom (dit was bepaald nie nodig nie) en ry die ander straat af. By die eerste kruisstraat staan 'n Kakie, hy hou meteens sy hand voor die perd op, asof hy hom wil stop. Mev. Malan maak weer 'n beweging van skrik. Hoe wonderlik, ek voel weer heeltemal gerus, hoewel ek nie dadelik geweet het dat dit 'n polisie-Kakie was nie. Hy waarsku ons maar net vir 'n aankomende rytuig uit 'n ander rigting. Ons glimlag mekaar aan oor sy goeie diens en onergdenkendheid. By die Leeubrug ry my vrou se broer ons te perd verby. Hy haal sy hoed af vir die "dames": hy weet van die hele komedie niks af nie. Ons ontmoet ook my vrou se suster in 'n oop rytuig. Sy weet van alles en waag dit nie eens om te groet nie.

Dis die middel van die dag en helder sonskyn. Ons ry Kerkstraat op. Kakies van alle soorte en fatsoene kom ons oral verby. Alle vrees vir ontdekking is totaal weg by my.

Die trolliewa, met osse bespan, staan al lankal vir my en wag by die hek van ds. Bosman se huis. Ek gaan op die voorste bankie sit. Daar is twee wit seuntjies van sowat elf en twaalf jaar op die waentjie en 'n opgeskote swart seun. Hulle weet van die hele geskiedenis en kyk my met 'n breë glimlag aan. "Nee," sê een van hulle aan my, "my suster sit altyd met haar gesig agtertoe."

"O," sê ek, en ... vergeet dat ek 'n "dame" is! Sonder om te dink, swaai ek my bene op en agtertoe oor die yster-handvat langs my van die bankie waarop ek sit. Agter die wa kom 'n Kakie aangestap in die straat. Maar ek dink hy moes nog te ver gewees het om die stewige ferweel-kommandobroek te sien wat, by die opswaai van my bene, gevaarlik sigbaar moes gewees het onder die rok. Straat af gaan die trek nou. Die Kakie loop 'n hele ent langsaan, kyk nou en dan skuins op na my, draai 'n mooimaak-punt aan sy snorretjie, en dit lyk baie of hy in filosofiese beskouings verdiep is oor my onjonkvroulike maniere. Ons ry ds. Bosman verby op straat. Hy weet alles. Ons groet mekaar met 'n handbeweging.

So 'n wind vandag! Ek moet elke keer my rok afdruk, wat te hoog opwaai. En met die ander hand moet ek altyddeur my hoed vashou op my kort hare, waaraan ek dit nie kan vassteek met hoedespelde nie. As die een hand moeg is van vashou, moet die ander hand weer aan die beurt kom. Ek voel die wind maak my sluier onklaar, sodat my kort hare agter sigbaar word. Die twee seuns kan hul lag nie vir my hou nie, en herhaaldelik moet ek hulle waarsku om nie so baie na my te kyk nie. Ek vra aan een van hulle: "Lyk ek nou 'n bietjie soos jul suster?" Dadelik kom die doodeerlike antwoord: "Glad nie." Nou toe nou. En as een van die wagte van vandag, wat ons netnou moet verbygaan, nou al reeds daar gestaan het toe hulle met hul suster verbygery het?

By Howes-drif ry ons die Apiesrivier deur. Uit 'n groot kamp, net anderkant die drif, kom 'n stuk of vyftig Kakies met hul perde water toe. Aan weerskante gee hulle pad vir die wa, so naby dat ek hulle sou kon aanraak. Nee, maar dié Boerenooi moet hulle nog 'n slag goed aankyk. En 'n oomblik voel ek vir die eerste keer 'n bietjie ongemaklik onder die kyk van so baie bewonderaars.

Wat? Sien ek goed? Ja, waarlik, daar kyk ek vas in die oë van 'n ou kennis, ek wil amper sê 'n ou vriend van my wat ek self – as een van die wagte in die trein – gevange na Pretoria gebring het. (Ná die inname van Pretoria deur die vyand is die kêrels uit hul gevangenskap verlos om weer te dien.) Hy herken my gelukkig nie. En sou hy soms nog dink aan die mandjie vrugte wat ek onderweg in Bloemfontein van 'n vriend gekry en onder hulle uitgedeel het in die trein?

Kakies staan die pad vol wat deur die middel van die kamp voer. Ek is jammer dat ek nie kan hoor wat hulle oor die nooi staan en gesels nie, want ek is duidelik die voorwerp van alle belangstelling.

Daar is Eloff se plantasie [waar die huidige Capitalpark geleë is], by die rant se poort.

"Hier staan die eerste wagte," waarsku die kinders my, "hier kyk hulle na die pas vir die wa."

Daar sien ons die wag al staan: 'n Kakie met bajonet op sy geweer. Hy stap na die wa aan my kant. Die seun anderkant my haal die pas uit sy sak. Ek neem dit van hom en oorhandig dit aan die wag. My voet, in dameskoen, plaas ek goed sigbaar vlak onder sy oë op die reling van die wa. Ek begin onbestemd-weg te dink hoe ek my stem sal verander en wat ek sal sê as hy my miskien aanspreek. Maar, wonderlik, verder bekommer ek my hoegenaamd oor niks nie. Nie ver van die wa af nie staan twee ander soldate met mekaar en gesels. Ek is weer die onderwerp van gesprek, want elke keer kyk een van hulle na my kant en maak 'n beweging met sy hand oor sy oë om sy maat iets te beduie. (Gelukkig dat ek nie geweet het in watter groot gevaar ek hier verkeer het nie: die dame wat ek moes voorstel, het 'n bril gedra, maar niemand het my dit ooit vertel nie. Hulle het aan mekaar gevra waar die bril dan vandag was of waarom die "dame" dan vandag 'n sluier voor het.)

Die wag hier by die wa het nou die pas gelees, vou dit op en gee dit weer aan my om aan die kind te oorhandig.

"Trek." Daar gaan ons verder.

Nou nog een ry wagte in Wonderboompoort anderkant die vlakte. Wat is dit nou? Ek voel meteen alle moed uit my wegsink, erger en erger namate ons die poort nader. O, duidelik sien ek voor my oë hoe ek bars beveel word om van die wa af te klim, hoe ek gevange gebring word na Pretoria. Verban? Doodgeskiet? Iedere tree voel ek die oë van die wagte, wat daar voor by die poort is, deur my rug boor –

ek sit met my rug na die osse toe. O, ek wens dat ek op enige ander plek op die wêreld is as op hierdie wa, so benoud en naar is die gevoel wat my oorrompel. Ek het miskien, sonder dit duidelik te besef, my oormatig opgeskroef tot die moed wat ek by die laaste ontmoeting met die Kakies by Eloffsplantasie gevoel het, en is dit nou die terugwerking?

Die drie myl van die trek oor die vlakte daardie agtermiddag het 'n merk in my ingebrand wat onuitwisbaar is.

Onder dit alles merk ek egter op dat my jong reisgenote hulle gedra asof hulle gad nie meer aan my dink nie, dit as vanselfsprekend beskou dat alles sal welslaag. Hulle maak grappies en lag en praat, haal padkos uit. Ek laat hulle begaan, sê hulle nooit om dit of dat te doen of te laat nie. Dis sowaar 'n geluk vir my dat ek nie deur volwassenes nie dog deur die gedagtelose, onskuldige kinders vergesel word. Hul onverskillige, ongedwonge gedrag is die beste om Kakie alle agterdog te ontneem. Aan dit alles het ek op die oomblik self nie gedink nie. So benoud as ek was, moet iets ook aan my gesê het: "Laat maar loop soos dit wil, alles is in orde."

"Hooooo… haaaaa." Daar is ons by die wag in Wonderboompoort. En kyk, in 'n oogknip het ek al my moed en teenwoordigheid van gees terug.

Die soldaat neem die pas aan, vou dit langsaam oop en lees dit op sy dooie gemak van A tot Z (waarskynlik 'n nuwe wag, wat die pas vir die eerste keer sien). Ek kyk hom al die tyd brutaal in sy gesig aan. Dog hy slaan sy oë nie na my op nie. Hy vou die papiertjie weer ewe langsaam toe en gee dit terug. "Trek." Gelukkig.

'n Oomblik later moet ons weer stilhou: die pad word reggemaak, en daar is 'n hindernis voor wat eers uit die weg geruim moet word. Die wa staan stil. Een van die Kakies sit sy pik solank neer, gaan met sy hande in sy sye staan en kyk die "nooi" brutaal in die gesig aan. Met die een hand nog altyd aan die rand van my hoed – om dit teen die wind vas te hou – kyk ek hom van my kant af net so vas aan. Meer en meer voel ek hoe sy oë oor my rol, my brand en deurboor en bevoel van kop tot voete. Ek besef dat ek bang sou kon word, maar dit gebeur nie. Inteendeel kom die klug my meteens so helder voor die gees, die gedagte: "Ou maat, as jy tog kon weet hoe lekker jy nou gefop word," dat ek amper in 'n lag uitbars – op my woord – en nog net betyds die geluid in my keel verstik. Maar my gesig vertoon die lag darem nog genoeg dat ek my verplig voel om my oë neer te slaan. Op my onnosele bewonderaar het dit seker die uitwerking van maagdelike bedeesdheid, of anders dink hy dat die nooi hom taamlik geneë is. Altans, as ek weer opkyk, sien ek dat hy met my lag, ag so liefies.

Ons trek weer. Maar ek merk nou dat 'n offisier of werkopsigter wat 'n entjie buite die pad teen die skuinste staan, uit die verte 'n heftige woordewisseling hou met die soldaat wat die pas gelees het. Elke keer wys hy gebiedend die wa agterna, net of hy die soldaat opdrag gee om noukeuriger ondersoek in te stel. Die soldaat maak 'n gerusstellende en ontkennende beweging met sy kop, net of hy sê: wees gerus, alles is in orde. (Die soldaat het sowaar kort vantevore 'n kissie agter in die wa omgekrap. Daar het hy my stewige kapstewels of ryskoene ontdek en my breërandhoed (sonder my medewete het iemand dit daar geplaas). Dog sonder agterdog, miskien het hy gedink dat dit aan die Boer van die plaas behoort, het hy die sak weer net so daaroor gegooi en niks gesê nie.)

Maar daar neem hy meteens sy geweer op skouer en kom agter die wa aan. Vir 'n oomblik staan my hart stil ... dog daar merk ek dat hy nie die wa wil agterhaal nie en net die paadjie weer begin loop waarin hy heen en weer stap om die padmakers (waarskynlik kwaaddoeners) op te pas en aan te spoor.

"Nou is ons deur," sê een van my klein begeleiers. Bedaard bly ek nog maar so onbeweeglik en sprakeloos sit. Pas op, daar kom 'n "scout" ['n Boer in Britse diens] aangery voor in die pad. As hy verbyry, kan hy dit nie laat om in die saal om te draai en die "nooi" 'n goeie kyk te gee nie.

Ons is nou deur die poort en draai links met die pad wat weswaarts agter Magaliesberg loop. Op die berg aan ons linkerhand staan die Kakiewagte en kyk ons met belangstelling na. Meteens slaan die voorwiele van die wa in 'n slootjie; en ek, wat met my rug na die osse sit, val agteroor van die bankie af – bene in die lug, hoed af! Gelukkig kan ek my betyds nog genoegsaam vasgryp om nie tussen die agterosse te val nie. In 'n oomblik het ek my hoed weer op my kort hare vasgedruk. Die drie kinders bars in 'n skaterlag uit. Waarskynlik het die Kakies op die berg saam gelag oor die spektakel.

Sononder is ons eindelik veilig en wel op die plaas van die Malans, vlak agter die berg. Ek sit skaars in die voorhuis of die tante wink my haastig om my in die slaapkamer te gaan wegsteek. Sy sluit die luike van die kamer. En daar sit ek in die donker, terwyl ek vrees dat iemand ons agterna gekom het en nou huissoeking kom doen. 'n Rukkie later kan ek weer uit die kamer kom: daar was maar net iemand wat omtrent my aanwesigheid in die duister gehou moes word. Met die oog op die bediendes hou ek my vroueklere die hele aand nog aan totdat die bediendes weg is. Veel later het ek gehoor hoe, kort ná my ontvlugting hierdie dag, my vrou die skrikberig gekry het dat Cordua* – wat ook wou uitry en gevang is – daardie selfde môre in die tronk doodgeskiet is.

Die Huisgenoot, 7 Desember 1934.

---

* Celliers verwys hier blykbaar na Hans Cordua, 'n Duitse Uitlander, wat volgens Thomas Pakenham (*Die Boere-oorlog,* bl. 471) in 1900 tereggestel is. Dit was egter nie vanweë 'n ontsnappingspoging uit Pretoria nie, maar weens deelname aan 'n "halfgebakte sameswering in Pretoria" om lord Roberts te skaak. Cordua was die leier van die komplot, en hy is glo deur 'n Britse agent provocateur aangehits.

Die geheimsinnige gidse

G.R. von Wielligh

G.R. von Wielligh was krygskommissaris oor die Britse krygsgevangenes in die eerste deel van die oorlog, en 'n tyd lank was hy dag ná dag met hulle in aanraking. 'n Paar van hulle het hom vrywillig met sy werk gehelp, onder andere korporaal Edwards van die Northumberland Fusiliers, wat 'n rol in die verhaal speel. Op 6 Junie is die Britse krygsgevangenes ontset. Daarna het die Britte Von Wielligh in Pretoria gevange gehou.

Die vervelige niksdoen, maar nog meer die gevoel dat hy die kommando's moes gaan help veg, het hom laat besluit om uit Pretoria te ontsnap. Dit was 'n gevaarlike onderneming, want die Engelse krygsraad het juis in dié tyd twee mans laat doodskiet omdat hulle probeer ontsnap het.

Op 'n Sondagaand, moontlik 2 Maart 1901, het hy dit gewaag om weg te loop in die rigting van genl. J.H. de la Rey. Hy het dit reggekry om veilig deur die doringdraad en wagte om Pretoria te glip. Teen dagbreek die oggend het hy weggekruip in 'n populierbos van veldkornet Lewies Jordaan. Meteens begin die kanonne bulder en ontstaan daar 'n hewige geveg tussen die Engelse en genl. De la Rey, wat die Britse kamp op Rietfontein-Wes naby die Hartbeespoortdam aangeval het. Die Engelse troepe was nou tussen Von Wielligh en De la Rey se kommando. Daar was geen hoop om by De la Rey uit te kom nie. Die enigste uitweg was om maar na Pretoria terug te keer langs 'n baie onveilige pad wat voortdurend bewaak is.

Von Wielligh vertel verder:

Gedurende die dag het ek my op verskeie plekke versteek, onder meer in doringbome naby Jordaan se plaas, maar steeds is dit asof iemand my aanspoor: "Gaan weg hier." Ek luister na hierdie voorgevoel en gaan omtrent honderd tree verder in die hoë gras lê. Kort daarna kom daar 'n Engelse offisier aan, stap die kol bome binne en vertoef 'n hele ruk daar.

Intussen het dit begin reën, iets waaroor ek baie bly was omdat dit die bewaking minder skerp sou maak. Die vervelige wag het die ure baie traag laat verbygaan; vir my was dit of die son aan die hemel vasgespyker was. Ek moes na Pretoria en ek moes voor dagbreek daar kom! Om daar op die deurweekte grond en met papnat klere te wag tot sononder toe was vir my uitgeputte geduld te veel. Laat nou kom wat wil, ek gaan loop! Ek het vermoed dat die Engelse wagte meer aktief sou wees in die rigting van die Boerekommando; en ek was waarskynlik reg, want ek het niemand in die helder daglig teëgekom nie.

Naby Badenhorst se plaas word dit skemer. Die son gaan in daardie tyd van die jaar om sesuur onder. Die lug was swaar bewolk, en toe ek op die plaaswerf kom, was dit donker. Ek wou aan die noordekant van die koppie op die werf verbygaan. Maar meteens sien ek dat iemand 'n vuurhoutjie trek. In die flou lig sien ek dat hy langs sy perd staan. Onmiddellik daarna trek 'n ander man 'n vuurhoutjie. Hy sit op sy hurke en dit stel my beter in staat om te merk dat daar twee mans en twee perde is. Lam geskrik kruip ek onder die oorhangende gras weg en hou my so stil as ek kan. Die twee mans moes iets van my bespeur het, want een kom met sy perd tot op omtrent tien tree van my af en hou stil. Na 'n ruk draai hy om en gaan terug na sy maat. Later hoor ek hoe hulle wegry in die rigting van Pretoria.

Ek kyk op my horlosie. Dit is kwart voor sewe. Ek vat toe koers om die suidekant van die koppie, aangesien die twee Kitchener-scouts om die noordekant verdwyn het.

En nou volg die vreemde verskynsel. Uit die populierbos van Badenhorst kom daar twee meisies, een omtrent twaalf jaar oud en die ander omtrent vyf en twintig jaar, reguit na my toe aangestap. Op 'n afstand van drie tree voor my verdwyn hulle. Dit het my nie verskrik nie, omdat ek die verskynsel toegeskryf het aan die vrees wat die twee wagte my op die lyf geja het. Baie versigtig stap ek verder. Weer sien ek die twee meisies uit die populierbos na my toe aankom, maar hierdie keer verdwyn hulle nie. Hulle stap voor my uit en ek beskou hulle goed: die kleintjie het 'n baie vriendelike gesiggie, maar die ouere kyk altyd dwars, sodat ek haar gesig nie kan sien nie. Aan die twee verskynsels sê ek toe: "Kyk, ek sal julle volg, maar julle lei my nie in die hande van die vyand nie."

Hulle bly omtrent drie tree voor my, en vol vertroue volg ek hulle.

Hulle stap met my noordwaarts, by die koppie verby. "A, nee, a," sê ek, "Pretoria lê mos oos, en julle lei my noord." Soos te verwagte was, het ek geen antwoord hierop gekry nie. Hulle hou hul ingeslane koers en ek stap agterna. By 'n dammetjie water gaan ek sit om te drink en om te rus. Hulle gaan ook sit. Om my te oortuig dat ek nie droom nie, sit ek met my rug na hulle en kyk anderpad, maar wanneer ek omkyk, sien ek hulle nog op hul plek sit. Ek hervat my wandeling, weer stap hulle voor, steeds noordwaarts tot aan die voet van die rant waarin Daspoort hoër op lê. Daar draai hulle oos in die rigting van Pretoria. Wat vir my so vreemd was, was dat hulle my deur slote gelei het waar dit maklik was om deur te gaan. Want daardie omgewing het ek glad nie geken nie.

Ons stap voort tot op die bult waarvandaan ek die ligte van Pretoria kan sien. Deur onbekendheid met die streek waar ek toe was, staan ek 'n oomblikkie stil om vas te stel hoe ver die afstand is wat my van die stad skei. Intussen stap die twee verskynsels weg van my af en gee met tekens te kenne dat hulle nie verder met my wou saamgaan nie. Hulle staan toe omtrent twintig tree van my af, maar nie bymekaar nie. Loop ek na die een, dan gaan sy weg, stap ek na die ander, doen sy dieselfde. Ek raak toe raadop, want ek het baie vas op hulle vertrou. Daarop gaan staan ek om te rus en om te besluit wat om te doen. Hulle kom toe albei weer terug, loop voor my uit en lei my na 'n kol hoë tamboekiegras, waar hulle bly staan. Ek gaan in die gras lê, en hulle kom by my voete staan. Op my horlosie sien ek dat dit kwart oor een in die nag is. Die twee verskynsels was dus ses en 'n halfuur lank by my.

Onder 'n harde stortbui reën val ek aan die slaap, en toe ek wakker skrik, is ek alleen. Ek spring dadelik op en vat koers na die boomplantasie van mnr. Sutherland naby Pretoria. Daarin gaan ek skuil om weer 'n vervelige dag deur te bring. Tot my geluk het dit die hele dag deur hard gereën, sodat geen troepe my in die plantasie kom soek het nie. Af en toe moes ek my uittrek om die water uit my klere te droog. Die lang dag het eindelik omgegaan, en toe dit donker was, het ek met my lewe in my hand deur die omheining rondom Pretoria gekruip en die stad binnegaan.

Ek het destyds 'n kamer van 'n gesin gehuur. Hulle het al geslaap toe ek aanklop. Hulle was verbaas om my terug te sien, en dadelik sê die vrou aan my: "Mnr. Von Wielligh, waarom het jy ons so die angs op die lyf gejaag? Weet jy dat Cordeau* en Venter vir dieselfde ding doodgeskiet is? Jou brief wat jy in jou kamer agtergelaat het om te sê dat jy na die Boere toe is, het ek aan die polisie gaan oorhandig, anders sou die Engelse ons na 'n konsentrasiekamp gestuur het."

"Ek sal sorg dat dit nie gebeur nie," stel ek haar gerus. Ek het verder niks aan hulle vertel nie en toe gaan slaap met die nare gedagte dat die brief, waarin ek duidelik verklaar het dat ek op weg na die Boere was, in die hande van die vyand geval het.

Die volgende dag stap ek na die naaste polisiekantoor. Met 'n opgewekte stem groet ek die hoof, luitenant Lampriere, en met 'n glimlag roep ek uit: "Hier is ek. Ek hoor julle soek my."

"Nie net die polisie nie, maar ook die speurders en jou vriende. Waar was jy?"

Ek wou nie lieg nie en het dus sy vrae met teenvrae beantwoord. Toe hy byvoorbeeld vra: "Was jy buitekant die omheining van Pretoria?" het ek teruggevra: "Hoe kan ek? Dit word dan so streng deur die troepe bewaak!"

'n Ruk lank hou hy so aan; hy neem 'n stuk papier en skrywe 'n briefie aan die hoof van die plaaslike speurders, advokaat Greenlees, en gee opdrag om dit aan hom te besorg.

Met 'n glimlag neem ek die brief en stap na die speurdersburo. Soos ek kon verwag het, het Greenlees my onder skerp kruisverhoor geneem. Aangesien daar geen bewyse teen my was nie, slaan hy die aantekeningboek na om vas te stel hoe my gedrag by die militêre aangeteken staan. Hierin kon hy niks teen my vind nie en sê tot my vreugde dat ek maar kon gaan. By die deur roep hy my terug en vra: "Wat omtrent die brief wat jy geskryf het dat jy weggaan om die Boere te help?" Hy soek tussen sy papiere na die brief en kry dit nie. Hy roep een van die klerke om te verneem waar die brief is. Nadat hulle oral gesoek het, verklaar die klerk: "So 'n dokument is nêrens te vind nie." Greenlees verseker hom dat dit laat die vorige middag nog op sy lessenaar gelê het. Hulle kon dit egter nêrens kry nie. Daarop sê hy weer aan my: "Jy kan maar loop, maar oppas om in die vervolg nie weer sulke inkriminerende briewe te skryf nie."

Die vraag by my is: Wie het daardie brief weggeneem? Geeneen in

---

* Waarskynlik verwys Von Wielligh hier na Cordua, wat in 1900 tereggestel is. (Sien verder voetnoot by Cordua in "Jan F.E. Celliers vlug as vrou".)

die kantoor was 'n bekende of 'n vriend van my nie; hulle was eerder my vyande.

Nou sal ons verneem waarom die twee verskynsels nie verder met my wou saamgaan nie. Nog op daardie selfde dag kom korporaal Edwards met my handsak aan, waarin daar landmeterdokumente was wat die Engelse owerheid wou hê. Die handsak was, soos te verwagte, leeg. Hy het afgemat gelyk, en ek vra hom: "Edwards, hoe lyk jy dan so moeg?" Aangesien hy my baie lank dag na dag in die kommissariaat gehelp het, het ons heeltemal vertroulik met mekaar omgegaan, en hy het geantwoord: "Twee nagte lank het ek amper nie geslaap nie. Ek moes agt uur lank in die donker die pad na Krokodilrivier bewaak, omdat die Boere-spioene Pretoria gedurig in die nag besoek."

"Waar het julle dan wag gehou?" vra ek.

"Ons het van een rant tot die ander die oop vallei bewaak, sodat niemand kon deurkom nie. En ons was bo-op die bult van waar 'n mens Pretoria kon sien lê." Hy beduie my toe die plek waar hulle die ingang bewaak het.

Dit was juis naby die plek waar die twee verskynsels geweier het om verder saam met my te gaan! Was hulle nie by my nie, dan het ek my daardie nag teen die Northumberland Fusiliers vasgeloop, en sou ek bepaald gevang gewees het.

Die Huisgenoot, 1 en 8 Oktober 1926.

President Steyn vertel hoe hy ontsnap het

Een van die joiners het 'n Britse kolonne vroeg die môre van 10 Julie 1901 na die Noord-Vrystaatse dorp Reitz gelei om byna al die lede van die Vrystaatse regering te vang. Omdat pres. Steyn "die siel van die oorlog" was, soos genl. Louis Botha dit uitgedruk het, sou sy gevangeneming 'n nekslag vir die stryd gewees het.

Die lede van sy staf en kommando het altyd die grootste respek en liefde vir Steyn gehad. Meer as een maal het van hulle gesê dat die wyse waarop hy die agting van almal behou en die onderlinge vrede bewaar het, 'n wonderwerk was. Daar was soms meningsverskille tussen sy manne, maar Steyn kon met 'n paar woorde die eensgesindheid herstel. Sy kalm, deurdringende aanblik kon niemand weerstaan nie. "As President liewers wil raas of die sambok gebruik, dan kon ek my man beter staan," het een van sy vernaamste amptenare eendag gesê, "– maar daardie kyk!"

Pres. Steyn het 'n paar heliograaftoestelle gehad, wat hy wou laat repareer, en het besluit om 'n dag of twee in Reitz te bly omdat daar nog 'n klein smidswinkel was. Die manskappe was uit die gemeente Reitz en kommandant P. Davel het hulle toegelaat om die nag in hul kerkhuise te slaap; dus was hulle oor die hele dorp versprei. Steyn het sy tent voor 'n huis laat opslaan en sy perd was in 'n stal, omtrent drie tot vierhonderd tree van die tent. In sy tent het dié nag ook generaals A.P. Cronjé en J.B. Wessels, asook sy oudste broer, P.G. Steyn, geslaap.

Teen twee-uur, soos my gewoonte was, het ek opgestaan om te sien of alles in orde was. Daar was geen wagte uitgesit vir die nag nie, maar die Kommandant het order gegee dat die twee verkenners vroeg in die rigting van Broadwood moes gaan. Toe ek alles in orde gevind het, het ek weer gaan slaap. Ruiter, my kok en lyfjonge, het opgestaan om koffie te maak hoewel dit nog nie lig was nie.

Hy hoor toe 'n geraas en dag eers dat dit beeste was, maar bespeur tog gou dat dit die vyand was. Hy storm my deur binne met die uitroep: "Oubaas, hier is die Engelse." Ek het natuurlik nie op my laat wag nie, dadelik uit my deur gespring en gesien dat die vyand omtrent drie tot vier honderd tree met los teuels op my tent afstorm. Ek het nie geweet waar my perd was nie. Ruiter het dit gelukkig geweet. Ek sê hom toe dat hy my daarheen moes bring.

'n Ander man, met name Hans, het ek teruggestuur om my saal en rewolwer, wat aan my saal was, te bring. Hy is egter gevang voordat hy met my saal uit die tent kom. Gelukkig moes ek om 'n hoek gaan en het so uit die gesig van die vyand gekom, en gelukkig was die stal ook in 'n jaart, sodat ek my perd uit die stal kon bring sonder om gesien te word.

Ek het juis 'n tou in my perd se bek gesit, en was net van plan om bloots op te klim, toe 'n jong Curlewis, van die Paarl afkomstig, en tydens die oorlog onderwyser in die Vrystaat, met sy saal aankom en daarop staan dat ek sy saal moes neem. Daar was egter nie tyd om die stiebeuels langer te maak nie en Curlewis was maar kort. Ek het op my perd geklim en Ruiter gelas om op 'n ander perd te klim. Toe ek die jaart uitkom, was die dorp al vol met die vyand.

Ek wou eers reguit, langs die laagte op, deur die dorp, maar Ruiter het gesê: "Nee, Oubaas, kyk dit is vol Kakies daarlangs." Ek sê toe: "Nou ja, kom, laat ons sommer hier oor die bult jaag." Daarop het ek my perd gedraai.

Meteens hoor ek agter my "halt" roep. Ek het omgekyk en iemand ongeveer agt tree agter my gesien. Dit was toe al lig, maar die son was nog nie op nie.

Ek gee my perd die spore en meteens hoor ek 'n skoot agter my. Ruiter het van sy perd afgeval of afgespring. Ek dag dat hy getref was. Ek het my perd drie of vier honderd tree laat hardloop so hard as hy kon en toe ek sien dat niemand my volg nie, het ek hom stadiger laat loop.

Dit was 'n ou perd en 'n bietjie styf. Die middag, toe ons Reitz binnegetrek het, het Gordon Fraser aan my gesê: "President, as die Engelse jou met dié perd skraap, dan sal jy nie vinnig kan wegkom nie." Ek het geantwoord: "Die Engelse moet maar hulle skrapery laat staan, maar as dit moet, sal ek en Dapper darem probeer uitkom."

Toe ek bo-op die bult was, kyk ek weer om, maar sien nog niks.

Ek het egter op 'n kort galop voortgery, totdat ek op die plaas van die heer Grabe op die bult uitgekom het. Toe sien ek die vyand op die eerste bult by Reitz sy verskyning maak. Hy was toe te laat.

'n Entjie verder het ek die verkenners teëgekom wat dié môre na die vyand uitgegaan het. Hulle het my vertel dat hulle in die donker op die vyand afgery het. Hulle het omgespring om ons kennis te gee, maar die vyand het hulle bemerk en hulle kort op die hakke gevolg – en so het die vyand saam met hulle Reitz binnegekom – soos ek gesien het. Deurdat die manskappe so versprei was in die dorp, was daar geen kans vir verset nie. Dit sou trouens ook nie veel gehelp het nie, want ons was almal tesame plus minus dertig man teen sowat na skatting 800 man.

Saam met my saal het ook my baadjie en hoed in die slag gebly. Ek het egter op my kop 'n warm slaapmus gehad, wat deur my weggegooi is op weg na die stal omdat dit te warm was.

Een van die verkenners het my 'n sy-sakdoek gegee wat hy nog te Roodewal buitgemaak het om om my kop te bind. Toe ek verder kom, ontmoet ek 'n ander manskap van my wag, wat op verlof was en teruggekeer het van Basoetoland, van waar hy klere, ensovoorts, gesmokkel het. Daaronder was ook 'n hoed, wat dadelik deur my gekommandeer is.

'n Ent verder het ek op die plaas van die heer De Jager gekom naby Hout-Koppie, waar ek allerliefs en met die grootste vriendelikheid ontvang is deur mev. De Jager. Sy was sy tweede vrou en hulle is kort tevore getroud. Daar ek geen baadjie aangehad het nie, het sy daarop gestaan dat ek die enigste baadjie wat in die huis was, naamlik haar man se troubaadjie, moes neem. Ek wou dit eers nie neem nie, maar op haar aandrang het ek dit gedoen. Mens kan begryp dat my uniform nie juis toe die goedkeuring van 'n Potsdammer-generaal sou weggedra het nie, maar dit was minder.

[…] Ruiter en sommige van die ander volk is agtergelaat, want "die Kakie was haastig", soos Ruiter my later vertel het. Van hom het ek toe gehoor dat hy nie gewond was nie, maar van sy perd afgespring het, omdat hy bang was. Hy het my ook vertel dat die offisier wat op ons geskiet het, by hom gekom en hom gevra het wie daar ry (my bedoelende). Hy het toe gesê: "Dit is sommer 'n ou boer." "Waar is die President?" "Hy het in sy tent geslaap." "Kom, wys vir my." "Goed, baas, kom maar aan."

Hy het hom toe van die een plek na die ander gelei om my sodoende 'n bietjie tyd te gee om weg te kom, en eindelik het hy hom gebring by die tent waar die ander lede van die regering reeds gevange was. Terselfdertyd is ook Curlewis daar gebring, wat die gevangenes vertel het dat ek ontvlug het. Gordon Fraser het gesien hoe Ruiter die offisier om die bos gelei het maar het nie geweet dat ek ontsnap het nie en het aan verraad gedink, totdat hy van Curlewis gehoor het dat ek ontvlug het. Toe het hy Ruiter se spel ontdek.

"De ontsnapping uit Reitz, verhaald door M.T. Steyn", *De Huisgenoot*, Desember 1916. Ook opgeneem in N.J. van der Merwe, *Marthinus Theunis Steyn, 'n lewensbeskrywing*, deel II (Kaapstad, Bloemfontein, Pietermaritzburg en Stellenbosch, 1921), 20-24.

Ruiter se vertelling

Sannie Steyn

So teen dagbreek roep kommandant Davel my om te kom koffie maak. Ek het vlak voor die tent geslaap. My maat Johannes en ek sit langs die vuur ... My maat staan naderhand op en loop na die kar [vermoedelik die provisiekar] toe en sê vir my: "Ruiter, kom kyk hier – wat se stowwe is daardie?" Ek kyk toe en sê: "Man, dis die Engelse." Hy dink toe nog dis Boere. Dit was so na aan die oostekant van Reitz, by die plaas van oubaas Hilgaard Steyn.

Ek sê toe vir hom: "Jong, ons gaan vanmôre les opsê, ek sweer dit is Engelse." Maar ons gaan sit weer by die vuur. Toe ons weer opkyk, kom die Engelse kommando net by die spruit uit, op die hakke van ons wagte. Maar die troepe se perde was te lomp vir ons ponies. Ek spring toe sommer in die tent en skud Ou-meneer [die president] wakker en sê: "Dis vol Engelse hier!"

Hy vra toe eerste vir my waar is my perd. Ek sê toe: "Kom maar hiernatoe, Meneer." [Die perd was by 'n sekere Max se erf.] Ons hardloop daarheen. Die Engelse skree: "Halt!" maar jaag sommer verby. Ek sê toe: "Kom maar, Meneer, hulle ken Meneer nie." Ons kom toe by die erf, ek spring in die stal en saal die perd op, sit sommer tou-in-die-bek, want daar was g'n tyd vir 'n toom nie en ek sê: "Klim op, Meneer" (dit was toe nog *nag* in die stal).

Gelukkig het Ou-meneer nog sy spore aangehad, maar hy was sonder baadjie en hoed. Hy is toe by die deur uit. Sy ryperd se naam was Dapper. Daar was 'n muur om die erf. Ek stoot toe 'n klompie klippe op een plek van die muur af, en die perd is toe ook sommer daaroor. President sê nog: "Ruiter, watter kant toe moet ek ry?" Ek sê: "Meneer, hou na die kerk se kant toe."

Ek sit toe meneer Gordon Fraser se perd ook 'n riem in die bek en spring op en jaag reguit weg van Ou-meneer se kant af na die hek toe. Toe ek my kom kry, druk 'n Engelse offisier 'n rewolwer in my gesig... Ek klim sommer die perd agterstevoor af, want 'n rewolwer is maar 'n lelike ding. Die offisier sê: "Where is the President?" Ek antwoord toe: "By die tent." Maar hy vra verder vir my: "Wie jaag daar?" en hy wys na die President. Ek sê toe: "Dis sommer 'n bang Boer."

Hy fluit toe al en al die Engelse kom terug. Toe moes ek saam met die offisier na die tent stap. Hy gee my 'n sigaret en ook sy vuurhoutjies. Na ons so 'n entjie gestap het, sê hy vir my: "Gooi maar weg die sigaret, hier is 'n lekker sigaar." Hy was tog te in sy skik met my ... !

Toe ons by die tent kom, hoor ek oubaas Pieter Steyn sê: "O, vanmôre het Ruiter hoogverraad gepleeg." Die offisier sê toe vir my: "Waar is die President?" Meteens skree die Engelse: "Hoera!" en wys oubaas Pieter aan. Iemand sê toe: "Ag, Ruiter het mos President al laat ontsnap." Die offisier was toe baie kwaad en sê nou sal hy my doodskiet.

Ek sê toe: "Vra vir hierdie mense wat my werk is." Hulle sê toe: "Ruiter is President se kok." Dit het my lewe gered – die liewe potte en panne! Anders was ek lankal wit bene. Die offisier wou my saamneem, maar ek wou nie. Ek sê: "Gee my 'n pas na Bethlehem, ek wil Basoetoland toe gaan [die huidige Lesotho]. Ek is moeg vir die oorlog ... " (Ek kom daar van Belmont af, glad nie Basoetoland nie.) Die offisier gee my en my maat toe elkeen 'n pas na Bethlehem. Net toe gooi die Engelse die President se manel en keil in die vuur. Ek gryp dit uit, trek my aan en sê: "A nee a, julle kan nie sommer my klere verbrand nie!" Ek neem toe die klere saam.

Johannes, my maat, en ek is toe weg. Ons het oor die plase Langspruit en Violet gegaan. Ons kry toe perde daar, en die ounooi gee ons twee saals wat sy nog laat wegsteek het. Dieselfde nag het ons nog gegaan tot waar ons die President weer gekry het. Dit was op die plaas van mev. Erasmus. Toe Ou-meneer my sien, vra hy: "Ruiter, bring jy die Engelse?" Ek sê toe: "Nee, Meneer, ek bring nie mense wie se taal ek nie praat nie." Ou-meneer sê toe verder: "Kyk, Ruiter, vannag moet jy nog beter waghou, dat ons nie weer in moeilikheid kom nie."

Nadat die President die oggend by Reitz ontvlug het, sonder baadjie en hoed, het hy by Houtkop, die plaas van meneer De Jager (groot Piet) uitgekom. Ounooi De Jager het vir die President 'n baadjie van haar man gegee (dit was nog sy troubaadjie) en 'n sakdoek om om die President se kop te bind. Ounooi De Jager sê toe verder: "Jy is sommer 'n pure Boesman dat jy die oubaas so goed uitgehelp het en nog agter hom aankom met sy manel en keil."

Sannie Steyn, "Dapper agterryers/Jan Ruiter, President Steyn se lyfbediende", in *Die Huisgenoot*, 17 Julie 1942. Ná die oorlog het Ruiter 'n tyd lank rondgeswerf, maar uit sy eie na Onze Rust, die plaas van pres. Steyn, gegaan, waar hy "genadebrood geëet" het. Hy is volgens *Die Volksblad* van 15 April 1943 die vorige dag op Onze Rust oorlede in die ouderdom van 74 jaar.

Gasvryheid beloon

F. Schutte

'n Paar maande ná die Jameson-inval in Transvaal [1895-1896] het daar een aand twee Engelse op my oupa se plaas aangekom. Hulle kon nie Afrikaans praat nie en die oumense nie Engels nie, maar Oupa kon darem verstaan dat die twee wandelaars op pad was na Mafeking [Mafikeng] en dat hulle graag herberg wou hê. Hulle is binnegenooi. Van gesels was daar natuurlik geen sprake nie, maar die vreemdelinge het darem vir Ouma beduie dat hulle baie lekker geëet het en dankbaar is. My oupa het hulle daarna na 'n buitekamer gebring, waar hulle die nag geslaap het. Ná ontbyt die anderdagmôre is hulle daar weg, met genoeg padkos om te hou tot op Mafeking.

Met die begin van die oorlog was my oupa reeds te oud om krygsdiens te doen, maar hy was nie te oud om die rantjies uit te klim en vir sy landgenote in die veld verkenningswerk te doen nie onder die voorwendsel dat hy skape oppas. Hy het sy verkyker in 'n bos weggesteek en dit nooit huis toe geneem nie. Gedurig het hy die wêreld van die rantjies af sit en bekyk, en as hy iets verdags gewaar, huis toe gegaan om te gaan eet of sy kos te gaan haal. Ouma het dan 'n plan bedink om die inligting aan die Boere te besorg en Oupa het weer gaan "skaap oppas".

Op 'n aand teen skemerdonker het Oupa van die rantjies af teruggekeer. By die drif is skielik geroep om te halt, en rondom het dit meteens gewemel van die Kakies.

'n Offisier het hom kwaai aangespreek en wou weet waar hy vandaan kom. Oupa het beduie dat hy van die veld af kom waar hy sy skape opgepas het. "Sien, hulle is net oor daardie nekkie."

"Wat sê jy?"

"Ja, en ek het hier by die driffie langs geloop om te kyk na 'n ou maer koei ..."

Die offisier het Oupa nie verstaan nie en al hoe kwaaier geword. Oupa het gevoel dat Ceylon sy voorland is. Maar juis toe die nood op sy hoogste was, het daar twee soldate nader gekom en met die offisier gepraat. Een het sy hand na Oupa uitgesteek en gevra:

"Don't you know me?"

Oupa skud sy kop. Nog iemand het vorentoe gekom. Dit was 'n tolk. En wat was Oupa se verbasing groot toe hy verneem dat die twee soldate wat met die offisier gepraat het, die twee mans was wat hy jare gelede so gasvry op sy plaas ontvang het.

Deur hul voorspraak het die offisier Oupa vrygelaat met 'n ernstige waarskuwing. Oupa het die waarskuwing op sy eie manier vertolk: Hy moes versigtiger spioeneer en sorg dat hy nie weer betrap word nie.

F. Schutte, Brakpan, in "By die Uitspanning", *Die Huisgenoot*, 14 Mei 1948.

Ons ontvlug uit die trein

J.M. du Plessis

Ons was 39 krygsgevangenes in die Rustenburgse tronk aan die einde van Junie 1901. Teen die einde van Augustus het genl. Christiaan de Wet Rustenburg van Potchefstroom se kant af bedreig, en genl. R.S.S. Baden-Powell het ons dorp met 'n kommando verlaat en die krygsgevangenes na Pretoria saamgeneem. Ons moes 'n afstand van 70 myl loop hoewel daar genoeg waens en ander voertuie beskikbaar was. In Pretoria is ons 'n paar dae in die tronk aangehou en toe per trein weggestuur Kaap toe. Ons het in 'n oop trok agter die lokomotief gery, met net agter ons 'n tweede oop trok met ongeveer twintig Tommies wat ons moes oppas.

In Bloemfontein het ek aan my jonger broer Theunis en aan ons vriend Hansie Riekert voorgestel om te ontvlug deur van die trein af te spring as ons 'n kans kry. Riekert het ingewillig, maar my broer was huiwerig. Dit was verstandig van hom, want as ons dit gedoen het, sou ons waarskynlik heel gou in die hande gewees het, aangesien die Vrystaat vol Engelse was en daar op dié tydstip geen Boerekommando's meer was nie. Op Norvalspont het ek weer met die twee gepraat. Hulle het toe albei ingewillig. Laat die middag vertrek ons. Ons was weer agter die lokomotief en die wagte agter ons, en daaragter passasierswaens met die burgers van genl. Marthinus Prinsloo. Ongelukkig het ek die nag so 'n tandpyn gekry dat daar geen sprake was van ontvlugting nie en dus moes ons die plan voorlopig laat vaar.

Die volgende dag maak ek vir die derde keer die voorstel. My maats was huiwerig, want, sê hulle, ons is al te ver in die Kaapkolonie in en ken ook nie die omgewing nie. Op Prins Albert-stasie [Prins Albertweg, ongeveer 45 km van die dorp Prins Albert] vra die offisier van die wag daardie middag om met veldkornet Kruger te praat, en laasgenoemde klim af en staan ongeveer vyf tree van die trok op die perron met die offisier en gesels. Almal se aandag was op hulle twee gevestig. Toe sien ek 'n jong man wat van die agterkant van die trein langs die perron aangestap kom en belangstellend na die gevangenes kyk. Met sy naderkoms wink ek hom met die voorvinger en begin met hom praat toe hy by my kom staan. So iets was ontoelaatbaar, maar ek vra hom of hy my kan beduie watter rigting ek moet inslaan as ons daarin kan slaag om van die trein af te spring. Hy wys toe met die duim oor die skouer na die blou berge in suidoostelike rigting en vra: "Sien jy die blou berge? Nou ja, loop in daardie rigting, en as julle by Prins Albert kom, verneem dan na Van der Merwe, die posryer."

Toe loop hy verder op langs die trein, en ek vertel aan my broer en Riekert wat hy aanbeveel het. Ons sien hom toe terugkom van die lokomotief se kant af. Ek loop nader na die kant van die trok en hy kom ook weer nader, druk my hand en sê ek moet my bes doen. Ons maak daarna planne en besluit om dié nag te probeer afspring.

Voordat ons van Prins Albert-stasie vertrek, gee my broer aan die offisier van die wag 'n pond en vra hom om 'n bottel brandewyn vir hom te koop, omdat dit bitter koud was en ons so bedruk gevoel het dat ons 'n opknappertjie nodig gehad het. Nadat die trein teen sononder vertrek het, vra my broer die offisier die brandewyn, maar dié wis daar toe niks van nie!

Na gewoonte eet ons voordat dit donker is, sing 'n paar psalms en gaan dan maar lê. Daardie aand sing ons weer 'n paar psalms, en toe ons daarmee klaar was, kom die offisier van die wag en vra of dit die volkslied was. Hy vra ons om dit te sing, en hy staan eerbiedig met sy helmhoed in sy hand en luister. Toe ons klaar gesing het, hou hy 'n kort toespraak en prys ons volk dat ons so lank kon weerstand bied teen die Engelse oormag, en sê verder dat as daar nie ontrouheid in ons eie geledere was nie, Engeland ons nooit sou oorweldig het nie.

Ons maak daarna aanstaltes om te gaan slaap. Ons het aan die agterkant gaan lê met die kop teen die kant en ons voete na binne. Die wagte was net langsaan in die trok agter ons, en ons het nogal gesels met mekaar. Die offisier was baie vriendelik teenoor ons, en voordat hy terugklim na sy trok, vra hy of ons nie elkeen 'n snapsie wil neem nie. Ons het die vriendelike aanbod aangeneem, en hy gaan haal toe 'n verseëlde bottel gemmerbrandewyn en gee ons elkeen 'n beurt uit die bottel. Onderwyl ek drink, dink ek: "Engelsman, dis die afskeid hierdie!"

Nadat ons van Prins Albert-stasie weg is, het ons ons beste klere aangetrek, waarop ons vriende vra wat dit dan beteken. Ons antwoord was dat ons naby Kaapstad is en nie graag as "vuil Boere" uitgeskel wil word nie; en die volgende môre sal dit te koud wees om aan te trek. Ons was vyf wat van die plan geweet het, want ons kon nie almal vertrou nie. Ons lê onder die kombers ingekrimp, want ons moes ons koppe toehou teen die steenkoolrook.

By my voete het 'n man gelê wat nie sy kop toegetrek het nie, en vir hom het ek onrustig gevoel, want hy het juis van sy kommando na die Engelse weggeloop om oor te gee. Ek lê 'n rukkie vir hom en loer onder die kombers deur, en hy merk ook dat ek nie my kop heeltemal toe het nie. Ek vra hom toe – want hy was bekend met daardie omgewing – hoe ver ons nog van die tonnel af is. Hy sê hy dink ons sal eers omtrent twaalfuur daar wees. Ek sê: "Ek dag ons is al naby, maar as ons nog so lank moet wag, gaan ek maar slaap." Ek trek my kop toe en lê ongeveer vyftien minute met die kop na die agterkant van die trok. Ek loer daarna weer na hom en sien hy het sy kop nou toegetrek. Ek lig my effens op om te sien of die wagte nog regop staan in die twee hoeke van die trok, maar ek merk dat hulle nou met die rug na ons toe staan om hulle effens teen die koue te beskerm. Die maan het helder geskyn en dus kon ek mooi sien wat aangaan.

Ek trek my kop weer toe en wag. Na nog sowat vyftien minute kyk ek weer, eers na ons ou vriend hier by my voete, wat nou egter stil lê, en toe weer na die wagte. Hulle was nie meer te sien nie en het blykbaar gaan lê om teen die koue wind beskut te wees. Ek stoot aan my broer, en klouter met my bondeltjie oor die rand van die trok. Ek het nie dadelik gelos nie, maar eers so 'n ent gehang, totdat ek merk dat my broer en Riekert ook al halfpad oor die kant was. Toe het ek gelos.

Die trein het daar so vinnig geloop dat as ek my voet tot op die grond laat afsak, dit voel soos 'n sterk stroom water wat verbygly. My broek was stukkend van die val en my waterbottel, wat ek by my klere in 'n sloop gehad het, was ook stukkend. Ek het bly lê totdat die trein verby was. Daarna spring ek op en hardloop so vinnig moontlik agter die trein aan om te sien waar my maats is. Ek vind hulle bymekaar langs die spoor. Ons sien toe 'n trein aankom en gee daarom pad van die spoor af. Dit was op 22 Augustus.

Ons het maar aangestap in die rigting wat ons vriend op Prins Albert-stasie aangedui het. Die dors het ons gou begin pla, want ons waterbottels het met die val gebreek. Teen halfdrie het ons by water in 'n droë sandrivier, die Dwyka, aangekom. Onderwyl ons water drink, hoor ons hoenders kraai. Ons loop in hul rigting en kom teen drie-uur die more by die woning van ene mnr. Koortse. Riekert loop na die huis en stel hom voor as beeskoper. Ek loop agterna, en toe hy binne is, staan ek voor die deur en luister na wat hy en Koortse gesels. Ek hoor Riekert sê hy het ook twee maats, en Koortse vra dadelik waarom hulle nie ook inkom nie.

In die huis vra ek watter berigte hy uit Transvaal hoor. Aan sy antwoord merk ek dat hy nie heeltemal gerus is nie, maar hy voeg darem by dat dit lyk of die Engelse maar swaar kry. Dit moedig my aan om te vertel dat ons van die trein afgespring het en weer wil koers vat Transvaal toe. Maar was die man nie bly toe hy dit hoor nie!

Hy het dadelik sy vrou en haar suster gaan wakker maak, ketel gekook en kos gemaak. My stukkende broek het ek vir 'n hele omgeruil en my maats het ook kenbare tekens met mnr. Koortse verwissel. Riekert het sy horlosie met dié van ons gasheer geruil.

Met die hulp van goedgesinde boere is hulle verder; die een boer het hulle na 'n ander weggebring. Op 'n dag het hulle by ene mnr. Bester aangekom, wat elkeen se regterhand met sy twee hande gevat het met die woorde: "Dag, Afrikaner, dag, Afrikaner!" Die vyftiende dag nadat hulle van die trein afgespring het, is hulle oor die Grootrivier. Die rivier was daar breed en hulle het tot hul heupe in die water geloop met hul klere in bondeltjies op hul kop. Dit was in die aand, en toe hulle deur was, het hulle met vuurhoutjies die teken gegee aan hul Kolonie-vriende oorkant die rivier, en dié het ook weer met vuurhoutjies geantwoord. Die Kaapse vriende het hulle met geld gehelp, en daarmee en met hul eie geld kon hulle in die Vrystaat drie perde en een saal koop. Hulle het beurte gemaak om met die saal te ry totdat hulle die volgende dag al drie saals gehad het. Op 22 September was hulle by genl. De la Rey se kommando, maar is dieselfde nag na hul familie in Rustenburg. Omtrent twee-uur die oggend het die Du Plessis-seuns hul moeder opgeklop, wat gedink het hulle is in 'n krygsgevangenekamp. Die volgende môre is J.M. du Plessis na die pastorie en kerk om die klok te lui, aangesien hy destyds koster was. Dit was sowat 'n uur voordat die kerk sou begin. Die predikant, ds. Postma, was verstom, want hy het hulle nooit verwag nie. Hy het dadelik besluit om 'n ander preek te lewer, en die skrywer onthou nog goed hoe hy na aanleiding van 'n Bybelteks van die preekstoel iets gesê het soos: "Hierdie ellendiges het geroep, en die Here het hulle gehoor en uit alle benoudheid verlos."

Die Huisgenoot, 12 Februarie 1937.

"Die kinders"

E.F. Röhm

Seuns van selfs jonger as tien jaar het hul aandeel aan die oorlog gehad as beeswagters en spioene. Spioenasiewerk het hulle veral gedoen vir hul eie gesinne of soms vrouelaers wat van plek tot plek gevlug het om aan die konsentrasiekampe te ontkom. Sommige van die kinders was oud genoeg om by die kommando's aan te sluit. Kinders wat as te jonk beskou is vir kommandodiens het weggeloop van plase, uit kampe en Basoetoland (die huidige Lesotho) om te gaan veg. Baie van hulle het op die ou end in die krygsgevangenekampe beland. Die vegtende seuns was oor al die kommando's versprei, maar daar was ook een geval waarin 'n klein veldkornetskap net uit seuns bestaan het – ongeveer 25. Die burgers het na hulle verwys as "die kinders". Die veldkornet van "die kinders" was E.F. Röhm, uit wie se artikel in *Die Huisgenoot* van 22 Januarie 1943 hierdie uittreksel gemaak is. Röhm skryf dat die kinders so dapper geveg het soos die beste generaals en in hegte kameraadskap saamgesnoer is deur die doodsgevaar wat hulle daagliks getrotseer het sonder gedagte aan beloning of onderskeiding. Die eerste skermutseling waarvan Röhm melding maak, is 'n botsing met die "burgerpolisie," Burgher Police, oorloper-Boere in Britse diens, in die omgewing van Sannaspos in die Vrystaat:

1 ROOI FLIP

Buitengewoon knap onder "die kinders" was Rooi Flip Snyman. Hy was een van drie neefs, almal met dieselfde voornaam, wat onder my gedien het. Die ander twee was Vaal Flip Snyman en Flip Geering.

Voor 'n slag was Rooi Flip gewoonlik baie stil, met 'n blos op sy wange en 'n flikkering in sy oë. In die geveg was hy onverskrokke.

Die burgerpolisie het van ons te hore gekom en af en toe klein skermutselings met ons gehad. Daar was vir ons van twee kante gevaar:

Sannaspos en Rietfontein, waar die burgerpolisiepos was. Ons het dus elke dag twee groepe uitgestuur om verkenningswerk te doen. Op 'n goeie dag het ons weer in twee groepies van tien verdeel: dié onder my sou na Rietfontein gaan en die ander, onder Rooi Flip Snyman, na Sannaspos.

Ek het dié oggend 'n soort voorgevoel gehad, en hulle gewaarsku om die rant goed te bespied voordat hulle dit inneem. Gewaar hulle die vyand, moes hulle my die wete gee. Ons sou dieselfde doen. Hulle moes al op hul bestemming gewees het toe ons op 'n hoogte vertoef om te kyk of ons hulle sien. Daar val so 'n paar skote, maar ons meen dat hulle van die vyand raakgeloop het vir wie hulle mans genoeg was en wat hulle nie die moeite werd geag het om eers te rapporteer nie.

Dit het later geblyk dat hulle 'n klomp perde in 'n kamp gewaar het. Met ons groot tekort aan perde het hulle gemeen dat ek baie bly sou wees as hulle 'n klompie in die hande kry. Voordat hulle egter by die perde kom, verskyn 'n groot perdekommando op die pad na Bloemfontein, en hulle moes van die plan afsien.

Die plaasbewoners het reeds die plaas verlaat en in Bloemfontein gaan woon, maar die seuns het geweet van 'n buitekamer waar daar heerlike pere weggepak was. Nou gou eers pere gaan haal en dan die rant gaan verken. Voordat hulle die huis bereik, klim Rooi Flip Snyman en Christiaan Ebersohn eers af om aan 'n dringende behoefte van die natuur te voldoen. Die een perd kry dit in sy kop om weg te hardloop, en Ebersohn skiet dan links, dan regs van hom verby om hom nog 'n bietjie aan te druk. Hulle was ongeveer honderd tree van die huis af toe die perd weer gevang kon word. Met dié bars daar 'n geweldige sarsie op hulle los. Dadelik word omgepluk om in die rant posisie in te neem, maar die rant is al deur die burgerpolisie beset, en hulle kry daar net sulke heftige teenstand. Al genade is om terug te vlug met die pad waarlangs hulle gekom het. Terselfdertyd moet hulle van die perde af skiet op die Kakie-boere en kleurlinge wat hulle probeer injaag. So naby mekaar was hulle dat hulle kon hoor hoe die kleurlinge hulle vloek. Drie van hulle het tussen die seuns ingejaag en probeer om hulle van hul perde af te ruk. Maar dit was ook hul laaste probeerslag. So het dit ongeveer 'n myl ver aangehou: vlug en skiet, met party van die kinders reeds te voet, en 'n vyand veertig man sterk.

Hulle was toe nog sowat vyftig tree van die koppie, en Rooi Flip

Snyman het gesien dat die voetgangers in die slag sou bly. Hy skree dat die ruiters die nek met geweld moet inneem sodat die ander onder hulle kans kon kry om nader te kom. Party van die Kakies het om die rant gejaag om dié wat wou deurkom, voor te keer. Toe Rooi Flip afspring, is die naaste Kakie twintig tree van hom af. Maar die seuns was goeie skuts en kap nege stuks van die Kakies om, onderwyl hul maters voet vir voet sukkel om nader te kom. Luikes Holtzhausen was heel agter, met Vaal Flip Snyman sowat twee honderd tree van hom af. Vaal Flip het gesien dat Luikes baie moeg was en in 'n benarde posisie verkeer het met kleurlinge wat reg op hom afstorm. Vaal Flip meen egter dat Luikes mans genoeg is vir die kleurlinge: hy self sal maar op die voorste van die ander skiet om te verhoed dat hulle ook nog bykom. Met suurslym wat brand in sy keel, gooi Luikes sy uitgeputte liggaam teen 'n boom en lê aan op die naaste aanvaller. Dié is so naby dat hy sy lyf inmekaar krimp om die skoot te ontwyk. Hy, en die volgende, en die volgende aanvaller moes egter in die stof byt, en Luikes se pad is weer oop om 'n entjie te klim.

Intussen het ek onrustig geword oor die aanhoudende geskiet en daarheen weggespring. Op 'n paar duisend tree van die koppie af gewaar ons 'n klompie ruiters wat om die rant kom, en meen dis die seuns. Toe hulle ons gewaar, spring hulle egter kortom en ons merk onraad. Hulle wou natuurlik die seuns van agter aanval en die voetgangers skiet wat voor die ander die koppie sou verlaat. Toe ons op die toneel verskyn, laat die vyand spat. Maar die arme kinders was ook gedaan – hulle het gehuil van blydskap toe hulle ons sien. Nie een van hulle was eens gewond nie, terwyl daar veertien dooies van die vyand was.

In een van die gevegte was Rooi Flip van sy perd af, en besig om voetgangers te ontwapen. Hy het ver agter sy maats geraak en die Tommies het dit gemerk. Een van hulle, wat reeds ontwapen was, pak vir Flip en hou hom so styf vas dat hy nie sy geweer kan gebruik nie. Die Tommie roep sy maats om te kom help. Gou is 'n tweede by, wat Flip al in die gesig met 'n bajonet steek. Vier steke het hy daar gekry: bokant die oog, bokant die oor en in die nek. 'n Derde Tommie het op 'n afstand ook nog op hom geskiet, telkens wanneer die twee stoeiers in 'n geskikte posisie kom. Vir 'n ander man sou die haglike posisie seker noodlottig gewees het, maar nie vir Rooi Flip nie. Met 'n uiterste kragsinspanning beur hy hom los van die Tommie en trek die skoot uit sy oorgehaalde geweer sommer in die kêrel af. Die bajonetsteker kom toe aan die beurt, en toe Flip omdraai, staan die derde Tommie al gereed met sy hande in die lug.

Agt dae later het Rooi Flip weer geveg – nog met verbande om die kop. Hy en Martiens Mostert het daarin geslaag om in 'n geveg tot tagtig tree van 'n aantal Engelse kanonne te kruip en van agter 'n miershoop die kanonniers een vir een dood te skiet.

Op 'n dag het Rooi Flip, Gideon van Tonder en Holiday gaan verken. Laat die middag het hulle 'n Engelse mag van Thaba Nchu sien opruk, maar hulle wou vasstel watter rigting dié sou inslaan. Daardie nag het hulle dus nie teruggekom laer toe nie, maar gewag tot die volgende môre om dan beslissend te kan rapporteer.

Wat hulle nie geweet het nie, was dat die Engelse dié nag aangehou het met trek, reg op hulle af. Toe die seuns dus die volgende môre na die rant ry om te verken, ry hulle om 'n rotsformasie en binne-in die drie voorste wagte van die Engelse vas. Verwoed het elkeen geveg vir sy lewe en mekaar met klippe bestook wanneer daar nie kans vir laai was nie. Een van die vyand val, en Holiday kry 'n maagskoot wat hom buite geveg stel. Gelyktydig met dié dat Gideon die tweede Tommie skiet, kry Rooi Flip 'n kopskoot. Gideon het aangehou met veg totdat die laaste Tommie oorgegee het. Hy het hom ontwapen en toe teruggejaag om rapport uit te bring.

Gedurende die oorlog het ek die burgers in allerhande omstandighede leer ken. Die lewe in die ope lug het hulle taai gemaak sodat hulle byna ongelooflike ontberings kon verduur. Tog het ek geharde krygers dié dag sien huil by die tyding van die dood van Rooi Flip Snyman.

2 DIE BAASSPIOEN THYS VAN TONDER

Thys van Tonder se grootste begeerte was om een van die lang verkykers te besit wat die Engelse offfisiere gebruik het. Op 'n dag toe drie van hulle gebuit is, het hy so gesoebat dat hy ene gekry het. Van dié dag af het hy verkenningswerk van geen geringe gehalte gedoen nie. Sy bruin merrietjie se stert het hy kort geknip sodat sy op 'n afstand soos 'n Engelse perd moes vertoon – en hy natuurlik as Engelsman. Hy het altyd 'n entjie van die kommando af gery en verkenningswerk op sy eie verrig. As 'n Engelse konvooi aan die trek was, het hy hulle ure lank en soms dae lank agtervolg. Wee die twee of drie Tommies wat afdwaal na 'n plaas of stroois . . . dit was sy kos. Ewe stil het hy weer by die kommando verskyn, voorsien van 'n nuwe saal, geweer, patroonband of skoene.

Een van sy meesterstukke het hy gelewer toe hy op 'n dag saam met twee ander brandwagte verkenningswerk op 'n koppie naby Springfontein moes doen. Na 'n tydjie merk hulle 'n muilwa met voer en 38 Tommies daarop wat uit Springfontein kom. So 'n wa met sy span van twaalf muile kan handig te pas kom op kommando en dus laat spat Thys die leegte af en versteek hom in 'n sloot langs die treinspoor. Net toe die wa verbykom, spring hy op en halt hulle. Hy het kwansuis bevele van sy kommandant dat, as hulle nie dadelik oorgee nie, die kanonne op hulle gestel sou word. Dit sê hy terwyl hy met swierige gebaar in die rigting van die koppies wys van waar hy so pas gekom het.

Hy laat die Tommies netjies in 'n ry inval en trek elkeen se geweerslot uit en gooi dit op die wa. Toe word die drade by die treinspoor geknip, en die gekleurde drywers moet die wa na die "Boeremagte" dryf terwyl die Tommies vooraan in gelid stap. Toe hulle by die twee brandwagte kom, word hulle plegtig aan die "mag" voorgestel en kry toe bevel om terug te stap Springfontein toe.

Kaptein Hendrik Pretorius het nog lank daarna die wa en muile gebruik, en die eersteklas gewere en ammunisie was baie welkom.

Die Huisgenoot, 22 Januarie 1943.

"Wil julle Boere sien wegloop?"

D.J. du Toit

D.J. du Toit skryf dat hy letterlik drie jaar in ballingskap was. Hy is op 21 Oktober 1899 met die Slag van Elandslaagte gevang en het St. Helena op 21 Oktober 1902 verlaat op pad terug na Suid-Afrika. Van Elandslaagte af is hy en ander krygsgevangenes na Durban gebring, daar op 'n smerige skip gelaai en na Simonstad vervoer, waar hulle op 'n skoon oorlogskip, die Penelope, oorgeplaas is. Die lewe op die skip was maar baie eentonig daar in die hawe, maar aangesien die gevangenes van 'n hele aantal nasionaliteite was, kon hulle die tyd met 'n groot verskeidenheid speletjies verdryf. Bolandse vriende het allerhande lekker kossoorte gestuur sodat hulle in plaas van skeepskos lekkernye kon geniet soos heerlike vet skaapvleis, boerbeskuit, koek, lekker Bolandse vrugte, konfyt en botter. Eendag het daar soveel hoendereiers aangekom dat elkeen vyftien gekry het.

Die opwindendste gebeurtenis was toe een van die gevangenes, Keppel de Meillion, daarin geslaag het om te ontsnap. Ons moes in groepe van twaalf aan een tafel eet. Elke oggend om nege-uur het die beuel geblaas en dan moes die groepe op dek aantree om getel te word.

Daardie oggend was daar een kort nadat die offisier en sy sersant ons getel het. Ons kyk langs die ry af: Keppel makeer. Henry de Meillion, 'n neef van Keppel, sê vir die offisier dat daar 'n man by die dokter is. Die offisier stuur sy sersant om te gaan kyk, maar nee, hy is nie daar nie. Henry sê in die stilligheid dat Keppel die vorige aand weggeloop het.

Nou is dit 'n opgewondenheid van die ander wêreld. Die hele skip word deurgesoek, maar Keppel is skoonveld. Henry vertel ons dat Keppel uitgeswem het. Hy was by toe Keppel met 'n tou langs die skip in die water afgesak het. Keppel het die vorige dag al aan hom gesê wat sy plan was. Tussen die skip en die land het 'n skuitjie gelê. Hy sou tot by die skuit swem, daarin klim, 'n bietjie rus en verder swem.

Die beuel word geblaas. Ons moet weer aantree. Nou word ons name afgelees en weet hulle dat Keppel weg is.

'n Hollander kom ewe ongeërg en met doodonskuldige gesig by die offisiere en sê dat hy die vorige aand omstreeks elfuur iemand om hulp hoor roep het – wat natuurlik 'n leuen was. Die offisiere het egter die kluitjie gesluk, want dis nie lank nie of 'n skuit kom langs die skip aan. 'n Duiker word in 'n duikpak gestop en in die water ge-laat. Die soekery al om die skip het seker meer as twee uur geduur en moes uiteindelik maar gestaak word.

Die ontsnapte Keppel het intussen daarin geslaag om by sy oom in Kaapstad uit te kom. Die koerante was vol van die gevangene wat op so 'n dramatiese wyse verdwyn het.

Hy was 'n paar dae by sy oom toe 'n goedgesinde Engelse dame, 'n buurvrou van sy oom, hulle kom waarsku het dat die polisie op sy spoor is. Goed voorsien van geld het hy dadelik afgesit stasie toe. Toe hy daar kom, staan daar net 'n trein klaar om te vertrek. Hy klim sommer op sonder om 'n kaartjie te koop. Die trein vertrek. Nou ver-neem hy eers waarheen die trein gaan. Tot sy ontsteltenis vind hy uit dis Simonstad. Daar op die trein is hy gevang en teruggeneem Kaapstad toe, waar hy in die tronk gestop en geruime tyd aangehou is.

Intussen is ons oorgebring na 'n kamp. Wat was ons blydskap groot toe ons op 'n dag ons held Keppel by die kamp sien inkom! Hy is van alle kante bestorm en met vrae bestook. Hy het vertel hoe die speur-der hom geboei het, hoe die mense van Kaapstad die speurder uit-gejou en hom sleggesê het daaroor en hoe hy in die tronk gestop is, waar die vlooie en luise hom byna opgevreet het.

"Wel, kêrels, ek verseker julle dat die Kakies my nie in hierdie kamp sal hou nie," het hy ten slotte gesê.

'n Week of twee, drie nadat Keppel in die kamp gekom het, loop ek en Johnnie Young kort voor sononder in die kamp en sien Keppel tussen die tente, netjies uitgedos. Ons kry 'n vermoede dat hy weer iets in die skild voer. "Nee, wat, hy het seker maar 'n nuwe pak klere van sy oom gekry en wil nou net 'n bietjie spog," dink ander. Na 'n rukkie gaan ons in Johnnie se tent sit. Ons was seker nie meer as tien minute daar nie toe oom Hans Mentz inkom en sê: "Wil julle Boere sien wegloop?"

Hy sê vir ons van waar die weglopery plaasvind en ons stap soontoe. Ja, waarlik, daar langs die kookhuis staan 'n klomp Boere in 'n ry. Hulle deel ons mee dat Keppel en 'n paar ander al deur die drade gekruip het. Toe blyk dit dat Keppel die vorige nag die drade, wat kruis en dwars gespan was, afgesny en weer so aan mekaar gevleg het dat dit amper nie sigbaar was nie. Met die weglopery het hy twee van ons mense gekry om elkeen by twee hoeke van die kamp 'n geselsie aan te knoop met die wagte om hul aandag af te trek.

Om sesuur kom die wagte wat die voornag op wag moes staan, om die hoek van die kamp net toe ene Van Bart besig is om deur te kruip. Die Tommies gewaar hom en bestorm en vang hom net toe hy deur is. Alarm word gemaak en ekstra wagte om die kamp geplaas. Daar was nou 'n verskriklike verwarring buite en binne-in die kamp. Daar word jag gemaak op die ontvlugtes. 'n Klompie word weer gevang. Een kêrel, ene Petersen, is met 'n bajonet gesteek en na die hospitaal gebring. Hy het gelukkig gou herstel. Die ander wat weer gevang is, is 'n tydjie aangehou en teruggestuur kamp toe.

'n Hele paar het heeltemal weggekom. Van twee van hulle het ek later weer iets verneem. Ene Kannemeyer het daarin geslaag om op 'n Franse skip te kom wat in Port Elizabeth geanker was. Terwyl hy nog op die skip was, het iemand, glo 'n speurder, na hom gegaan, hom gegroet en gesê: "Hallo, Kannemeyer, hoe gaan dit nog?"

"Dit spyt my ou vriend, maar ek dink jy misgis jou. Ek ken jou nie," antwoord Kannemeyer.

Die man het sy bes gedoen om Kannemeyer sover te kry om hom te herken. Omdat dit 'n Franse en dus neutrale skip was, kon hy Kannemeyer nie sonder meer daar afhaal nie, en was verplig om die skip te verlaat sonder om iets uit te rig.

Keppel de Meillion was die ander man van wie ek gehoor het. In 1904 was ek met besoek by familie in die hartjie van die Karoo. My neefs vertel toe dat daar op 'n aand teen sononder 'n kêrel na hulle toe aangestap gekom het waar hulle voor die stal sit en gesels het nadat hulle die perde versorg het. Hy het hom aan hulle bekend gestel – eers onder 'n ander naam. Hy moes eers vasstel wat hulle gevoelens was, want daar was Afrikaners in die Kaapkolonie wat Engelsgesind was. Toe die vreemdeling agterkom dat hulle die Boeresaak goedgesind was, het hy aan hulle gesê dat hy De Meillion is en dat hy uit die krygsgevangenekamp ontsnap het.

Hy het die aand by hulle gebly. Die volgende oggend het hulle hom 'n perd gegee om mee dorp toe te ry, waar 'n broer van hulle in 'n winkel gewerk het. Hulle het ook 'n brief saam met hom na die broer gestuur en hom gesê om sy fiets aan De Meillion te gee om verder te vlug. Ook het hulle hom goed van geld voorsien.

Hy het met die fiets deurgesukkel tot hy uiteindelik in Transvaal by genl. Chris Botha se kommando uitgekom het. Saam met 'n broer van my wat sekretaris van genl. Botha was, het hy die oorlog deurgeveg tot die bitter einde. Dis nogal toevallig dat hy en ek groot vriende was en dat hy nou juis by my broer moes uitkom. Na die oorlog het hy ons nog dikwels kom besoek. Met die Herero-opstand in Duits-Suidwes-Afrika [die huidige Namibië] is hy daarheen. In die Eerste Wêreldoorlog was hy kaptein van 'n verkennerskorps en het hy in dié gebied gesneuwel.

Die Huisgenoot, 22 Maart 1946.

'n "Waenhuis" in die oorlogsjare

G.J. Joubert

In die laaste ses maande van die oorlog is ons in die Noordoos-Vrystaat so oorstroom deur vyandelike magte dat daar op die plase niks oorgebly het wat hulle kon wegneem nie; en wat hulle nie kon wegneem nie, is aan die brand gesteek of verniel.

Die vrouens wat nog by die huis was, moes al hul klere wat hulle besit het, dra om dit te behou.

Tussen die blokhuislyne in daardie streek het daar omtrent 60 000 troepe op en af getrek.

Die een blokhuislyn het van Heilbron oor Frankfort, Vrede tot aan die Drakensberge gestrek en die ander van Kroonstad oor Lindley, Bethlehem en Harrismith. Dan kom hulle byvoorbeeld van Heilbron en Kroonstad, trek man aan man en dryf ons vooruit tot op 'n punt waar ons dan in die nag moes deurbreek om vry te kom. Op dié wyse het hulle baie burgers, vroue, kinders en vee gevang.

Ons het nog enkele karre en waens gehad waarmee ons nie kon deurbreek nie.

Ons het dus die plan beraam om die waens en karre in die "waenhuis" te stoot. Die "waenhuis" was 'n diep gat water. Die wa of kar word dan op die wal getrek en agteruit in die water gestoot sodat dit toe onder die water is. Wanneer die vyand verby is, word dit weer uitgetrek.

Op hierdie wyse het ons een nag in Februarie vier waens in die "waenhuis" gestoot wat ek weer in Julie help uithaal het.

Op dieselfde wyse het ons ook koringmeel gebêre.

As jy 'n streepsak meel goed toewerk en dit in 'n gat water skiet, kan jy dit later uithaal en droogmaak. Die meel kom niks oor nie: die meel wat onmiddellik aan die binnekant van die sak is, word nat en vorm 'n laag deeg waardeur die water nie kan dring om die res nat te maak nie. Met mieliemeel kan dit egter nie gedoen word nie, aangesien dit deur en deur nat word.

Genl. G.J. Joubert, Ficksburg, in "By die Uitspanning", *Die Huisgenoot,* 18 Augustus 1939.

'n Nagtelike strooptog

E.J. Weeber

Dit was omstreeks die middel van die winter van 1901. Ons was gelaer in die pragtige bergagtige, bos- en waterryke Bankeveld, die noordwestelike deel van die distrik Middelburg wat aan die distrik Pretoria grens. Vir die vyand was die Bankeveld gevaarlik omdat 'n klein Boeremag daar veel groter vyandelike magte kon aandurf. Paaie was daar nie, net voetpaaie deur die bergpasse en klowe.

Die vorige drie maande moes ons lelik bontstaan in die Hoëveld, waar die vyand op reuseskaal teen die Boeremagte te velde getrek het om dié streek skoon te vee en 'n ryk buit te maak, want die Hoëveld was die kroon van die Transvaalse landbouwêreld, waar die meeste ryk veeboere gewoon het. Ons het dit vir die vyand baie lastig gemaak deur gedurig met hom slaags te raak en die geroofde vee net so vinnig terug te buit as wat hy hulle in die hande gekry het. Maar ná drie maande van onafgebroke aktiwiteit het kaptein Jack Hindon dit raadsaam geag om mens en dier 'n hoognodige ruskans te gee. Daarvoor was daar geen geskikter wêreld as die Bankeveld nie.

Nie lank nadat ons daar gelaer is nie het Danie Coetzee, publieke aanklaer en landrosklerk van Lydenburg, by ons uitgekom. Hy het ná die oorgawe van Lydenburg wapens neergelê en is na Middelburg gestuur, maar het sy kans goed afgewag, een nag 'n perd gebuit en uit die dorp gevlug. Coetzee was 'n flink, dapper seun, al het hy hom laat verlei om wapens neer te lê. Voor hy uit Middelburg ontsnap het, het hy alle vyandelike kampe, forte en veekrale in en om die dorp eers deeglik verken. Op sy voorstel het kaptein Hindon en veldkornet Piet Minnaar van ons dorpskommando besluit om Middelburg 'n nagtelike besoek te bring en perde en beeste buit te maak – veral perde, wat die burgers so nodig gehad het.

Danie was betroubaar en ons was dadelik bereid om met hom as gids die gevaarlike onderneming uit te voer. En dit wás waaghalsig, want rondom die dorp op die omliggende bulte en rante was daar 'n reeks forte wat deur die vyand gebou en beset is. Middelburg het 'n sterk garnisoen gehad en was die basis vir alle krygsverrigtinge in Oos-Transvaal. Ons het darem eers goed die kat uit die boom gekyk deur 'n reeks patrollies wat daagliks die omstreke van die dorp verken het. Ook het ons gewag vir donkermaan. Die afstand tussen die dorp en die ingang na die Bankeveld was iets meer as vyftien myl.

Op 'n aand het ons die tog aangepak. Ons was 'n goeie honderd man sterk, almal uitsoekkêrels op uitsoekperde. Ons het maar stadig getrek om die ringmuur van forte eers teen middernag te bereik.

Ons was gelukkig om veilig twee forte ten noorde van die dorp verby te trek. Versigtig het ons te voet afgesak tot by die Klein-Olifantsrivier en toe al met sy loop ooswaarts tot by die drif regoor 'n klein vyandelike kampie aan die oorkant. Alles was rustig. Geen liggie was êrens te sien nie. Ons het ons skoene uitgetrek en die rivier deurgeloop. Die bodem was klipperig en glad en die water yskoud. Oorkant het ons weer ons skoene aangetrek en 'n oopgetrapte veepad gevolg tot by 'n enorme hooimied naby die Britse kampie. Daar het ons 'n rukkie versuim om seker te maak die vyand het ons nie gewaar nie. Tussen dié kampie en die veekrale was 'n lang ry trolliewaens waaraan spanne muile vasgemaak was. Ons sou hier in twee verdeel. 'n Groep onder veldkornet Minnaar sou probeer om al die muile van die waens los te maak en aan te jaag na die drif, onderwyl die ander onder luitenant Slegtkamp die draadheinings van die veekrale met draadknippers sou knip. Daar was minstens 1 300 perde afgekamp.

Ons was al naby die trolliewaens toe steek iemand in een van die tente onverwags 'n stormlamp aan. Onmiddellik is besluit dat ons moes terugval na die hooimied. Een van ons kêrels het begin hardloop, en soos 'n klomp skape 'n voorbok volg, is ons almal agterna. Dit het gedreun soos ons hardloop. Dit is 'n raaisel waarom die man in die verligte tent ons nie gehoor het nie, maar ek moet darem sê dat die honderde perde en muile gedurig aan die rondtrap, baklei en runnik was, sodat daar aldeur lawaai was. Half verskrik het ons by die hooimied sit en wag wat nou kon gebeur. Ons plan was nou om al met die rivierloop af te retireer tot regoor die plek waar ons naaste wagpos was. Word die alarm gegee, dan sou dit vir ons te gevaarlik wees om deur die drif te vlug. Gelukkig kon 'n mens die rivier op baie plekke oorsteek, en ons het as kinders elke plek geken.

Gelukkig het ons nie gevlug nie, want kort daarna het die lig in die tent uitgegaan sonder dat die bewoner onraad gemerk het. Ons het 'n goeie halfuur gewag en toe ons werk voortgesit. Veldkornet Minnaar het al die muile by die trolliewaens losgemaak en veilig by die drif vasgekeer, en Slegtkamp en sy kêrels het die drade van die onderste heinings geknip. Ongelukkig het ons nie geweet dat die perde by die honderde afgekamp was nie. In elke kamp was ongeveer twee honderd perde met 'n heining van ses gladde drade tussen hulle en die aangrensende kamp. As ons dit geweet het, sou ons eers al die drade wat die kampe skei, afgeknip het voor ons 'n perd uitgelaat het, sodat hulle almal gelyk uitgejaag kon word.

Toe ons padgee voor, het net 'n twee honderd of wat uitgekom en dadelik al padlangs koers gevat na die rivier. Die pad was hard en oopgetrap deur die duisende diere wat daagliks daar moes loop om by die rivier te gaan suip. Nouliks het ons ontdek dat daar nog draadheinings was om uit die weg te ruim, of die geklop van die perdepote het ons laat besef dat ons dadelik moes trap as ons nie gevang wou word nie. Skrikbevange deur die gedreun van hardlopende perdepote het ons hulle agternagesit so hard as ons kon. Gelukkig het die klompie kêrels by die muile hulle die drif ingekeer en deurgejaag.

Ons het besef daar is nie meer tyd vir skoene uittrek nie. Ons het sommer die drif ingevaar en 'n koue bad gekry, want die gladde klippe het ons skoene laat gly. Toe ons oorkant bymekaarkom en merk alles by die Britse kamp is doodstil en pikdonker, het 'n paar van ons fluksste manne besluit om 'n groot veekraal net regs van die drif leeg te maak. Binne minute was die honderde slagbeeste van die vyand voor ons by die perde en muile, en 'n kwartier later was ons by kaptein Hindon, wat net in sy skik was, al was hy teleurgesteld oor die verlies van die duisend perde wat ons teen wil en dank moes laat agterbly.

Sommige kêrels wou opsluit teruggaan om die ander perde ook uit te bring, maar ons voormanne, hoe dapper ook al, wou dit versigtigheidshalwe nie toelaat nie. Hulle was verantwoordelik vir die lewens van hul manskappe en as sake verkeerd loop, sou hulle die skuld kry. Verder moes ons rekening hou met die tyd. Ons sou ons moes haas om voor dagbreek uit die gesig te wees van die hoogs geleë Britse forte. Met perde kon mens vinnig vorder, maar met die paar honderd beeste was dit anders.

Buitendien was die gevaar nog groot. Die troppe perde, muile en beeste sou kwalik sonder geraas tussen die forte kon deurgaan. Elke man sou nodig wees om die buit in veiligheid te bring. Met 'n veertigtal manne aan weerskante van die diere het ons so stil moontlik deur die kordon gegly. Ons het elke oomblik verwag om aangeval te word. Elke man het klaar gesit op sy perd met 'n gelaaide Mauser in die hand.

Maar niks het gebeur nie. Ons het veilig die eerste bult anderkant die forte bereik en afgesak na die eerste spruitjie. Selfs hier wou ons offisiere geen man toelaat om 'n pyp op te steek nie uit vrees dat 'n liggie ons kon verraai. Met dagbreek was ons by die plaas waar kaptein Hindon met tagtig man stelling ingeneem het om die vyand, as hy ons agternasit, terug te skiet en teen te hou tot die buit veilig die Bankeveld in sou wees. Toe eers kon ons gerus 'n pypie opsteek en geniet.

Die orige manskappe het so hard as wat hulle kon, met die vee voortgetrek. Kort ná sonop het ons stofwolke duskant die forte sien opstyg. Eindelik het ons slapende vyande wakker geskrik. 'n Sterk patrollie van omtrent twee honderd man was in aantog. Hulle het aangejaag gekom asof niks hulle kon stuit nie. Moontlik was hulle in die waan dat hulle met 'n klein patrollie Boere te doen het. Maar ons was veels te sterk vir so 'n klein aanvalsmag. Net die eerste paar sarsies het die Britse bevelhebber oortuig dat dit 'n hopelose saak vir hulle is en hulle het die aftog geblaas.

Later het ons van burgers wat tydens die nagtelike strooptog in die vyandelike linies was en daarna ontsnap het, verneem dat die gebeurtenis 'n opskudding veroorsaak het. Die bevelvoerende generaal was so woedend dat die troepe by die beeskrale en perdekampe een vir een moes deurloop en eindelik voor 'n krygsgereg moes verskyn. Die bevelvoerder het onder meer gesê: "Die Boere kan julle met kooie en al wegdra, dan sal julle nog niks daarvan weet nie." Al die wagposte is verdubbel en 'n strenger tug ingevoer.

Ons kon 'n klompie voetgangers dadelik van eersteklas perde voorsien en het self elkeen 'n ekstra perd as beloning ontvang. Die kêrels wat deur die rivier gegaan het, het die eerste keuse gehad. Die beeste is onder ons verdeel, maar die meeste daarvan is later geslag om ons en ander kommando's van vleis te voorsien. Boonop het ons die Kakies gedwing om weer 'n hele rukkie net boeliebief te eet!

Die Huisgenoot, 5 Februarie 1937.

Twee maal voor 'n vuurpeloton

W.J.H. Jacobs, opgeteken deur sy dogter mev. E.J. Weeber

Voor die oorlog was ek 'n welgestelde boer van Griekwastad. Met die uitbreek van die oorlog het kmdt [J.J.] Jordaan ons dorpie in die Kaapkolonie op 17 November 1899 as Vrystaatse gebied geproklameer, en alle diensbare manne opgeroep as Vrystaatse burgers. Ons kommando is na Kimberley en het deelgeneem aan die Slag van Magersfontein. Met die oorgawe van genl. Piet Cronjé het ons rebelburgers almal teruggekeer na ons huise. Ons het toe kennis gekry om ons wapens neer te lê. Dat ons so lig daarvan afgekom het, is seker toe te skryf aan die feit dat ons opgekommandeer was.

In Julie 1901 was daar weer gerugte van 'n Boerekommando onder genl. De Villiers. Ons het onmiddellik kennis gekry om al ons bruikbare perde vir beskerming na die dorp te bring. Maar ek het liewer gesien dat die Boere my perde kry as die Engelse. Dus het ek my perde weggesteek en kalmpies gaan aanmeld dat die Boere my perde gevat het. Die Engelse kolonel was toe al klaar ingelig dat ek die perde weggesteek het sodat hulle my in die tronk gestop en die perde laat haal het. Twintig dae was ek in die tronk en is toe op borgtog vrygelaat. Ek moes my egter elke môre en aand by die militêre kantoor aanmeld.

Maar 'n boer kan dit nie in 'n dorp uithou nie en dus het ek plan begin maak om na my plaas te gaan. Daar was gerugte van 'n Boerekommando in die omgewing. Die aand van 19 September het ek stil die huis verlaat en al deur die tuine gehou tot buitekant die dorp. Daar het ek die wagte stadig bekruip en ongemerk tussen hulle deurgegaan. Vroeg die nag was ek tuis. Ek het lekker gaan slaap, want ek het geweet hulle sou nie voor die volgende môre ontdek ek is weg nie.

Die volgende dag het ek kennis gemaak met verskeie burgers van genl. De Villiers en dit was my plan om by sy kommando aan te sluit sodra ek my boerdery 'n bietjie gereël het. Toe kom daar gerugte dat 'n groot mag op pad van Kimberley is om die klompie Boere te kom vang. Inderhaas het ons besluit om met al ons goed te vlug. Ons het getrek tot die eerste plaas van ons af. Ek was doodgerus, want ek het gedink dat die Boere tussen ons en die Engelse mag was. Dit was egter 'n misverstand.

Die volgende môre toe ons wou inspan, sien ons net dat die hele aarde vol perderuiters is wat op ons afstorm. Ek kon darem nog betyds wegkruip. Die Kakies het die wa ingespan, die kleinvee en beeste omgekeer, met hulle teruggetrek en fees gevier met hul buit. My skape, 1 800 in getal, het hulle bymekaar gekeer, geslag, doodgesteek en vermink. Toe die wa aan die beurt kom om aan die brand gesteek te word, het my vrou die goed gevra wat nog op die wa was. Die offisier het dit toe laat aflaai en die wa aan die brand gesteek. Ook het sy hom die skape gevra wat nog geleef het. Ook dit het hy haar toegestaan. Sy het net 250 stuks groot- en kleinvee teruggekry. Na die konvooi vertrek het, het my vrou en mnr. Frits Chatterton die verminkte skape doodgemaak.

Ek het die hele dag in die bosse geskuil. Die middag toe ek sien die vyand vertrek, het ek nader na die pad gekruip om te sien of hulle my vrou en kinders saamvat. Ek het plat tussen die driedorings gelê. Die hele laer was al verby toe 'n kleurling met 'n paar los perde op my afkom. Die een perd het geskrik en toe die man kom kyk waarvoor sy perd skrik, het hy my gesien en met alle mag geskree: "Hier's 'n Boer! Hier's 'n Boer!"

Daar het hulle my gevang en op 'n kanon laat ry tot op Kaiingsvlak. Die volgende môre het ek voor die krygsraad gekom en die vernaamste getuie teen my was een van die swart plaaswerkers. Ek is ter dood veroordeel.

Twee wagte het my 'n ent uit die laer geneem en gewag op die teken om my te skiet. Vyf, tien minute het omgegaan. My gevoel kan ek nie beskryf nie. Dit was vreeslik – hierdie wag, wag op die dood.

Nadat ons omtrent 'n halfuur daar gestaan het, het die offisier my laat terugbring en die voltrekking van die vonnis tot die volgende dag uitgestel. Daardie dag het dit verskriklik gereën en die nag moes ek saam met 'n ou swart man wat hulle gevang het, onder een kombers slaap. As ek effens wegskuif, kry ek 'n stamp met die geweerkolf en word met 'n vloek beveel om stil te lê. Elke keer fluister die ou man dat ons twee moet wegloop.

Die volgende dag het die konvooi getrek tot op Ghasip. Daar het twee soldate my weer 'n ent uit die kamp geneem en tussen 'n paar turksvyboompies laat staan. Die een wag, 'n bejaarde man, het my gevra of ek 'n vrou en kinders het. Ek het bevestigend geknik; praat kon ek nie – my gemoed was te vol. Hy het sy kop medelydend geskud en gesê: "Ek is jammer vir jou."

Ek het daar 'n halfuur op die dood staan en wag. Eindelik het die offisier my weer laat terugkom en gesê dat hy nie die doodsvonnis sal laat voltrek nie, maar op bevele van Kitchener sou wag. Wel, dit het vir my maar net 'n verlenging van die lyding beteken, want lord Kitchener het net een bevel gegee, en dit was die doodsvonnis.

Toe begin ek planne maak om weg te loop. Dit sou verkiesliker wees om in dié poging om te kom as om so weerloos soos 'n hond dood-geskiet te word. Al die kuile was vol water en ons het toe net langs 'n lang kuil gestaan. Die reën het nog gedurig geval. Ek voel koud en honger, maar my besluit is geneem – vanaand moet ek wegspring.

Die aand het twaalf wagte my opgepas. Hulle het 'n groot vuur gemaak en 'n pot kos daarop gesit. Hulle het rondom die vuur gaan sit met my tussen hulle. Elke keer rol ek my broekspype 'n bietjie hoër en maak tussenin allerhande grappies met die Tommies. Ons het heeltemal vriendskaplik met mekaar geraak en hulle het my 'n stuk vleis gegee, wat maar alte welkom was.

Toe dit mooi donker was en die wagte taamlik gerus, spring ek weg, dwarsdeur die kuil water, anderkant uit en halsoorkop dwarsoor 'n paar rye soldate wat al lê en slaap het. In 'n oogwink was hulle op en hardloop almal in een rigting. Ek hardloop saam totdat ek maklik tussen die bosse kon wegraak. Die wagte het van anderkant die kuil 'n paar skote gelos, maar ek het hulle nooit weer gewaar nie. Na 'n rukkie was alles weer doodstil. Ek het op my knieë neergeval en dankbaar gebid.

Ek het die wêreld hierlangs goed geken en koers gehou tussen die haak-en-steek deur. Die anderdagmôre was ek omtrent drie myl van my woonplaas af, maar ek was byna kaal geskeur. Ek het die hele dag in die rante geskuil en toe dit begin donker word, aangestap huis toe. Maar ek kon nou byna nie loop nie – ek het 'n pyn in die regter-knie gehad en dié het so geswel dat ek die broekspyp moes oopsny. Teen tienuur het ek op die werf aangekom. Daar was nog lig in die huis en ek het versigtig nader gekom en deur die sleutelgat geloer.

Binne het my vrou en oudste dogter gesit en die dogter het net gesê: "Mamma, ek is seker hulle jok, Pa is nie gevang nie," toe klop ek saggies aan die deur. Dit was 'n blye ontmoeting. Terwyl ek iets geëet het, het die kinders wag gehou. My been het erger geword, en ek kon nie verder nie. Ons moes 'n plan maak. My vrou en kinders het in die vloer van haar slaapkamer 'n gat gemaak en 'n plank met seep daarop reggesit om oor die gat te skuiwe ingeval die vyand opdaag. Ek het toe 'n paar dae in die kamer gebly sodat my vrou die been kon verpleeg.

Die volgende dag kom ons buurman, mnr. Frits Chatterton, en sê aan my vrou dat ek op Ghasip doodgeskiet is. Om niks te laat merk nie, het sy gesê: "Ja, ek sal dit glo as ek sy graf sien."

'n Paar dae het ek in die huis gebly totdat my been so was dat ek dit weer kon versit. Toe het ek my intrek geneem in 'n droë put nie ver van die huis af nie. Bedags het my vrou die kos gebring en ongemerk van onder haar voorskoot laat afval in die put. Dan hou sy wag tot ek uit die tonnel kom en weer weg is. So het ek nog 'n week deurgemaak, maar dit was maar baie onveilig. Sodra my been beter was, het ek op my veeplaas omtrent ses myl van die huis in die rante gaan skuil. Hier het my broer altyd vir my kos gebring. Na ek 'n rukkie daar gebly het, het my oudste seun en 'n paar burgers by ons huis aangekom. My vrou het my dadelik laat roep, en ek is saam met hulle na die kommando van genl. De Villiers en het in die veld gebly tot aan die vrede.

Op 'n dag het 'n patrollie van ons oor Ghasip gery, en daar het ek toe op my graf afgekom met die grafskrif: "Willem Johannes Hermanus. Doodgeskiet die 22ste September 1901".

Die Huisgenoot, 5 Maart 1937.

Saam met die vyand in gelid

Adriaan van der Walt, opgeteken deur Petrus Venter

Ek was 'n heliografis van die Transvaalse burgermag. Toe die guerrilla-stryd begin, is ek by die korps van die vermaarde Danie Theron inge-deel.

Op 'n keer het ons korps, wat destyds uit ongeveer tagtig burgers bestaan het, met 'n groot Engelse mag naby Losberg in die Gatsrand slaags geraak. Ná 'n hewige geveg was ons verplig om die stryd teen die oormag gewonne te gee. Ons het gevlug en die aand op 'n plaas aangekom waar ons ook oornag het. Dit het aanhoudend gereën.

Die anderdagmôre teen dagbreek het kmdt. Theron vir Basie Enslin met omtrent veertig man uitgestuur om te gaan verken. Teen tienuur het ons nog geen berig van hulle ontvang nie en Danie het die bevel gegee dat ons moes opsaal en gaan kyk wat daar skeel.

Ek het omtrent vyftig tree voor gery om die ander burgers te kan waarsku as daar miskien gevaar skuil. Net toe ek die eerste rant uit-kom, sien ek 'n paar perde 'n ent van my af wei. Dit het my voorgekom of dit plaasperde was, maar een was 'n pragtige dier en hy het nog 'n toom aangehad. Ek het sommer dadelik sin in hom gekry en wou hom vang. Maar toe ek nader kom, lig hy sy kop op en staan my 'n rukkie uit die hoogte en betrag. Ek het op 'n stappie by hom verby-gery met die bedoeling om hom van die ander perde af te keer, maar toe gee hy 'n snork en draf weg. Ek het vinniger gery, maar die kar-nallie het op 'n stywe galop die wêreld begin skeur. Ons het gejaag dat die modder en water agter ons spat. Toe ons 'n ent teen die oorkant-ste rantjie uit was, moes ek noodgedwonge my perd inhou. Dit was klipperig. Hier het die perd my ontglip. Ek het gedink dat ek hom op die rantjie weer sou kry, en dus op 'n kort gangetjie verder gery.

Toe ek weer op die gelykte kom, het ek my perd op 'n galop getrek. Maar ek het hom net so gou weer ingehou. Vlak voor my het 'n afdeling Engelse ruiters verbygetrek, netjies in gelid, omtrent drie of vier tree van mekaar af!

Dit het nog eenstryk gereën en die ruiters het soos 'n klomp nat hoenders op hul perde gesit en voor hulle uit getuur. Hulle het afgemat gelyk, maar dat hulle my nie dadelik gesien het nie, is tot vandag toe vir my 'n wonder. Ek was geen tien tree van die naaste af nie.

Hulle sê 'n Boer maak altyd 'n plan, maar daardie oggend het ek byna sonder plan gesit. Die eerste gedagte is om weg te jaag. Maar ek het my bedink, want die Engelse sou my herken en agtervolg het, ook met koeëls. Ek het meteens 'n ingewing gekry. Ek het my doodluiters gehou, my perd half regs gedraai en in gelid saam met hulle gery!

Dat die vyand my nie dadelik herken het nie, was seker daaraan te danke dat ek 'n kakiejas aangehad het. Maar ek het tog my burgerhoed opgehad, onmiskenbaar aan die linkerkant opgeslaan met drie vere (wit, rooi en swart – die kenteken van Danie Theron se korps) daaraan vasgesteek. Miskien het die Engelse ook in die koue reën sit en slaap. Maar daar ry ons toe ewe bedaard voort: 'n Engelse afdeling met 'n Boerespioen aan hul sy.

Dit het vir my gelyk na 'n oneindige tyd dat ons so saamgery het en ek het my afgevra waar en hoe die rit sou eindig. Padgeekans kon ek nie sien nie, en dit was vir my maar al of dit my doderit is. Die Rooies ry doodstil voort; die perde stap klotsend deur die nat gras; af en toe struikel een en dan word die stilte verbreek deur 'n harde knoop van die ruiter wat amper van sy perd afgetuimel het.

Ek was in die duisendste nood: Sê nou die weer klaar op en hulle gewaar dat ek 'n Boer is? Die noodgedagtes het nog deur my kop geflits toe ons op die kant van die rantjie uitkom waarheen die ruiters koers gehou het.

En nou het die dinge weer net so vinnig gebeur as toe ek my in die Engelse vasgery het, want meteens het ek 'n hele afdeling Boere hier vlak voor ons tussen die klippe sien opstaan. Ek het Danie Theron herken. Hy het sommer naby my opgestaan. My perd het eintlik agteroor geruk soos hy in sy spore vassteek.

Ook die Engelse het hul perde ingehou en toe verdwaas na die Boere voor hulle sit en staar.

Ek het vinnig van my perd afgeklim en Danie het na my kant gekyk en gevra: "Waar het jy al die tyd gebly, Basie?"

Hy het ons aangesien vir Basie Enslin met sy veertigtal ruiters wat hy die oggend vroeg uitgestuur het.

"Nee, magtie, Kommandant, dis Engelse!" roep ek saggies met 'n benoude stem uit.

Byna gelyktydig roep een van die Engelse offisiere Danie toe: "And who the devil are you?"

"They are Boers!" skree 'n Engelsman nog voordat Theron kon antwoord.

"Well, you better surrender!" gebied die Engelse offisier.

Maar Theron verontagsaam die offisier se bevel en beveel: "Neem posisie, burgers, en skiet!"

Ek het nooit in al my oorlogsaksie so vinnig agter 'n klip weggeduik as daardie môre nie. Ek was ook nouliks agter die skuiling of die koeëls het oor my kop gezip-zip. Gelukkig het my perd eenkant toe gehardloop en 'n entjie van my af agter 'n groot klip gaan staan.

Dit was 'n vinnige en venynige geveg. Byna nie een van daardie stomme Engelse het met die lewe daarvan afgekom nie. Aan ons kant was daar geen verliese nie, wat wonderbaarlik was, want ons was vlak voor die vyand.

Ons snelle geweervuur het net bedaar toe brand die kanonne uit die verte op ons los, terwyl die hoofmag van die Engelse vinnig aangeruk en reeds naby ons hul verskyning gemaak het. Ons moes op ons perde spring en die hasepad kies.

Ek was nie onwillig om aan die vlug deel te neem nie. Aan avontuur het ek in daardie enkele uur genoeg gehad!

Die Huisgenoot, 9 Oktober 1942.

In erdvarkgate voor 'n Engelse leër

J.G. de Jager

Dit was ongeveer 22 April 1902, iets meer as 'n maand voor die vrede-sluiting, dat die Engelse hul laaste "kraal" gemaak het waarin ons kommando van Bethlehem vasgekeer was.

Die Engelse het blokhuise gebou van Kroonstad oor Bethlehem na Harrismith tot aan die Drakensberge op die grens van Natal; dit was dan een "muur" van die "kraal". Die ander "muur" was van Heilbron oor Frankfort en Vrede in die rigting van Bothaspas.

Die blokhuise was van sink gemaak in die vorm van 'n rondawel met skietgate in die mure en van binne met sandsakke opgevul om veilig te wees teen koeëls wat dalk deur die sink dring. Die blokhuise was meestal sowat duisend tree van mekaar opgerig, en tussen die blokhuise is doringdraadheinings gespan met baie leë blikke daaraan gehang, sodat die geringste aanraking met die draad 'n groot geraas veroorsaak het. Dit het die soldate in die blokhuise gewaarsku dat die vyand aanwesig is. Ondanks hierdie voorsorgmaatreëls het die Boerekommando's dikwels in die nag deur die blokhuislyne gebreek. Daar is verskeie sulke lyne in die Vrystaat en Transvaal gebou, wat die Engelse natuurlik baie geld gekos het.

Nadat die "krale" voltooi was, het die Engelse met van omtrent dertig- tot vyftigduisend troepe 'n soort dryfjag op die Boere begin. Hulle het gewoonlik so dig by mekaar gemarsjeer dat daar byna geen haas kon vrykom nie. So het hulle dan alles voor hulle uitgedryf tot aan die ander kant van die kraal. Hulle het alles gevat wat tot nut van die Boere kon wees, maar die groot doel was natuurlik om die vegtende burgers te vang.

So het dit dan gebeur dat die Engelse weer besig was om kraal skoon te maak tussen die blokhuislyne Kroonstad, Harrismith, Heilbron, Vrede en Bothaspas. Die Engelse mag van omtrent vyftigduisend soldate het omstreeks 18 April van die spoorlyn tussen Kroonstad en Heilbron ingetrek en 'n soliede muur gevorm om in 'n oostelike rigting tussen die blokhuislyne alles voor hulle uit te dryf of te vang. Die Bethlehemse kommando onder assistentkommandant Bester was op daardie oomblik op die plaas Bolivia naby Reitz.

Die Engelse het hul linie daardie dag getrek van Bethlehem af al langs die Liebenbergsvleirivier tot aan die blokhuislyn by Frankfort. Dit was vir ons duidelik dat die Engelse daardie nag langs die Liebenbergsvlei sou kampeer. Omdat ek bekend was as 'n betroubare spioen, het kmdt. Bester my beveel om vir my 'n maat uit te soek en dan die Engelse linie te gaan bespied tot byna middernag en 'n moontlike opening in die vyand se geledere te vind. Daar sou ons dan nog dieselfde nag deurbreek sodat ons weer agter hulle kan kom. Gewoonlik het die Engelse nie teruggedraai as hulle besig was om kraal skoon te maak voordat hulle tot op die end daarvan was nie. Ek moes nie later as middernag nie aan kmdt. Bester kom rapporteer. Ek het onmiddellik klaargemaak en 'n getroue oorlogsmaat, J.B., gevra om saam te gaan.

Ons het eers 'n gebraaide skaapribbetjie en 'n paar vetkoeke weggeslaan en nog vir laas vir die kommandant gaan vra waar ons tussen elf en twaalf die nag aan hom moes rapporteer. Die kommandant het ons verseker dat hy op dieselfde plek sou bly tot ons terug is, "maar nie later as twaalfuur vannag nie".

Om drie-uur die middag was ons op die hoogste punt van waar ons die bewegings van die vyand met verkykers goed kon dophou. Met skemer het ons 'n sekere voet-drif op die plaas Annieshome van naby besigtig en vasgestel dat die Engelse wagte dit verlaat het en dat ons maklik met 'n perdekommando daar sou kon deurgaan, omdat dit 'n taamlik breë klipplaatdrif was.

Om seker te maak dat die vyand nie later weer sou opdaag om die drif te bewaak nie, het ons tot tienuur die aand daar gebly. Daarna is ons haastig weg om aan kmdt. Bester te gaan rapporteer. Binne 'n uur het ons die afstand afgelê en die plek bereik waar ons die kommando moes kry om hulle terug na die Engelse linies te lei. Maar toe ons op Bolivia kom, was daar tot ons ontsteltenis nie 'n teken van die kommando nie. Hulle het selfs nie eens iemand agtergelaat om ons te sê waar ons die kommando kon vind nie. Ons het gou van swartes daar naby verneem dat die kommando in 'n oostelike rigting getrek het. Nadat ons 'n halfuur lank in dié rigting gejaag het, het ons by 'n vrou wat nog op haar plaas was, verneem dat die kommando na die Wilgerivier vertrek het om deur die rivier te kom voordat dit te vol is.

Ons was baie teleurgesteld. Ons perde was al van drie-uur die middag af onder die saal sonder om te vreet. Die enigste uitweg was om die kommando te volg na die Wilgerivier, wat nog omtrent vier uur te perd ver was. Omstreeks drie-uur die môre het ons by die rivier gekom, wat reeds afgekom het. My maat en ek het besluit om dadelik met die uitgeputte perde na Liebenbergsvlei om te draai en daar deur die Engelse linie te probeer kom. Ongelukkig het ons nie rekening gehou met die tyd nie. Dit was onmoontlik om die ent voor sonop af te lê met uitgeputte perde wat reeds twaalf uur onder die saal was. Die inspanning wás vir hulle ook te veel. Hulle het naderhand lam geword en toe ons weer op Bolivia aankom, sowat vyf myl van die Engelse linie af, het die son net opgekom.

Ons was nou mooi vasgekeer in die "ramkraal", soos ons die kraal genoem het. Daar was vir ons niks anders te doen nie as om ons uitgeputte perde af te saal en 'n bietjie te laat rus solank die Engelse kommando nog nie beweeg het nie. Ons was sonder kos, want al ons besittings was op ons pakperde, wat saam met die kommando deur die Wilgerivier is.

Omstreeks agtuur het die Engelse gereed maak om te vertrek, en ons het ons perde opgesaal en padgegee. Hoewel ons perde so afgemat was, het ons altyd die hoogste bulte bestyg om te sien waar die vyand die swakste was. Ongelukkig moes ons vasstel dat hul geledere goed aaneengeskakel was, en dit was dus net 'n kwessie van tyd voor ons in hulle hande sou kom.

So moes ons maar die hele dag in die grootste spanning, uitgehonger en met tam perde, verder ry. Teen eenuur die middag van 21 April het ons oortuig geraak dat die vyand weens die nat grond nie te vinnig kon voorttrek met hul konvooi nie en dat hulle dus nie nog dieselfde aand by die Wilgerivier kon kom nie. Ons sou dus nog tot die volgende dag kon vry bly. Ons besluit toe om 'n goeie afstand te ry en af te saal sodat die perde kon rus. Miskien sou ons die volgende dag 'n swak plek in die geledere van die vyand kry.

Voordat ons opsaal, ontmoet ons ene kmdt. Du Plessis, wat om die een of ander rede nie by die kommando was nie en nou ook in die kraal was. Nadat ons drie afgesaal het, het ons nuwe maat na ons perde gekyk en wag gehou sodat J.B. en ek 'n uurtjie kon slaap, wat ons toe sommer fris laat voel het.

Toe dit donker genoeg was, maar ongelukkig 'n maanligaand, het ons te perd die vyand so na as moontlik genader. Ons het toe die perde aan mekaar gebind en te voet nader gegaan. Toe ons die wagte kon sien, het ons gekruip. Gelukkig was die gras daar lank. Nader en nader het ons gekruip tot omtrent vyftig tree van hul posisies. Ons kon die wagte duidelik sien en hoor wanneer hulle mekaar die gerusstellende "All's well!" toeroep. Nadat ons stilletjies raad gehou het, het ons besluit om soveel as moontlik van die wagte dood te skiet en dan deur die linie te hardloop en te verdwyn. Maar toe word daar sowat 'n myl van die plek af 'n paar sarsies met kleingewere afgevuur sodat die hele vyandelike linie in beweging kom. Nadat ons 'n halfuur gewag het, het ons besef dat ons maar in ons eie spore moes omdraai as ons nie doodgeskiet wil word nie. Teen eenuur die nag was ons terug by die perde. Omdat ek verskriklik honger was – ek was toe al 24 uur sonder kos – besluit ek om na 'n plaas 'n myl daarvandaan en anderhalf myl van die vyand te gaan om te sien of ek daar iets te ete kon kry.

Toe ek daar aankom, was die ou tante en haar dogter baie verskrik en verwonderd om te sien dat daar nog burgers so naby die Engelse linie en voor die vol rivier was. Die liewe tante het ons alles gegee wat sy nog in haar huis gehad het om te eet, naamlik gebakte kwepers. Sy wou hê ons moes 'n rukkie wag sodat sy kon koffie maak, maar ons wou haar nie die moeite aandoen in die middel van die nag nie. So het ons dan vertrek met ons bladsakke gevul met gebakte kwepers.

Ons het weer die vyand se posisies genader en nuwe planne gemaak. Ons het besluit om ons saals, tooms en gewere in 'n kuil water te gooi wat ons op 'n afstand van vyf honderd tree van die vyandelike linie gemerk het. Ons perde se pote het ons met stukkies dun draad onder die muis doodgebind sodat dit moes opswel en die diere onbruikbaar sou wees as hulle in die vyand se hande val.

Toe dit alles gedoen is, kruip ons versigtig nader en soek so naby as moontlik aan die vyandelike linie ou erdvarkgate, wat destyds volop was, om in te kruip. Dit het ons geluk om twee geskikte erdvarkgate te kry wat taamlik bedek was onder die lang gras.

Ons moes egter 'n derde ook hê en ek het baie rondgesoek. Teen dagbreek het dit my geluk om 'n nuwe erdvarkgat te ontdek. Maar dit was op 'n kaal plek en omtrent net vyf en twintig tree van die pad af waarlangs die grootste verkeer van die vyand sou gaan. Ek het byna radeloos daar gestaan, maar kry toe die ingewing om in 'n ou ploegland daar naby 'n klomp gras te gaan pluk en dit voor my in die opening te hou om dit na 'n verlate gat te laat lyk.

Hierna het ons afgespreek dat elkeen in die lang gras voor sy skuilplek sou gaan lê en waghou en wanneer dit lig genoeg word, agterstevoor in die erdvarkgat sou kruip. Omtrent 'n halfuur daarna was dit ook al so lig dat ek die vyand met my blote oog teen die lug afgeteken kon sien. Ek het dadelik koes-koes agteruit in die erdvarkgat verdwyn, maar darem af en toe so skelmpies geloer of die vyand nie al begin voortbeweeg nie.

Nagenoeg 'n uur na sonop het die Engelse in volle aantog aangekom, en tien minute ná hul vertrek uit hul kamp kon ek hulle duidelik weerskante van ons sien verbygaan. Ek kon ook goed hoor wat hulle sê. Selfs 'n gesprek oor ons perde, wat nog daar in die buurt gewei het, kon ek duidelik hoor. 'n Rukkie later het die kanonne en daarna die proviandwaens begin verbykom.

Soos reeds gesê, was die gat waarin ek weggekruip het omtrent net vyf en twintig tree van die pad af waar die waens verbygery het. Aangesien die waens gewoonlik in twee of drie rye langs mekaar getrek het om die konvooi nie te lank uitgestrek te maak nie, het een ry waens maar sewe of agt voet van my wegkruipplek af verbygegaan. Ek was dus in groot gevaar dat een van die drywers of 'n voetganger my daar in die erdvarkgat ontdek of dat 'n wa wat nie in die spore van die ander hou nie, my doodtrap. Dit het amper met een van my makkers gebeur toe 'n kanon so skrams by sy erdvarkgat verbygery het.

Teen omtrent tienuur die môre was die trek verby. Ek het so versigtig as moontlik uitgeloer en gewaar toe dat die agterhoede van die vyand reeds twee honderd tree by ons verby was. Nagenoeg vier uur het ons in die erdvarkgate weggekruip.

Ek het die vyand nog goed dopgehou totdat hulle nagenoeg duisend tree ver was en toe koes-koes na die kuil water gekruip waarin ek my bandelier, saal en toom gegooi het. Tot my verwondering sien ek dat die kuil byna leeg gesuip is deur die vyand se perde en dat my saal en buikgord nou bokant die water uitsteek. Ek was net van plan om te gaan kyk wat van my maats geword het, toe gewaar ek dat hulle gebukkend na die kuil toe aankom.

Ons het mekaar hartlik gelukgewens met ons ontkoming en met die feit dat ons weer die wapens kon opneem om ons plig teenoor ons volk te doen.

In die erdvarkgat waarin ek weggekruip het, was ek verplig om byna halflyf in die water te lê wat nog daarin was as gevolg van die stortreën wat 'n paar dae tevore geval het. Daardeur het ek 'n kwaai verkoue opgedoen wat later tot inflammasie gelei het.

'n Paar dae later het ons kommando die nag van 26 April saam met genl. De Wet se kommando tussen die Witkoppe en Memel deur die vyand se linie gebreek, maar 'n groot aantal burgers het in die hande van die Engelse geval. Ook het hulle byna al ons perde van ons afgeneem. Die volgende dag het ons egter al weer elkeen 'n perd van die vyand buitgemaak en daarna blesbokke geskiet en die vleis uitgedeel onder die hongerige vroue en kinders, wat toe nie meer deur die vyand gevang en weggestuur is nie. Dit was ook die laaste "kraal" wat die vyand in hierdie afdeling gemaak het.

Die Huisgenoot, 5 Februarie 1937.

Ceylon toe? Nee, nooit!

W.H. Boshoff

Teen die end van die oorlog het klein klompies burgers in Transvaal en die Vrystaat rondgeswerf om waar moontlik die groot Engelse kolonnes lastig te val. In Maart 1902 het so 'n groepie oorblyfsels van die kommando's van Ermelo, Bethal, Carolina en Middelburg onder kmdt. Davel een aand op die plaas Remhoogte, distrik Ermelo, gaan oornag.

Dae aaneen was ons al ongerus, want ons het verneem dat genl. Bruce Hamilton uit Ermelo gaan optrek om vir goed 'n einde te maak aan die lastige Boerekommando'tjies. Ons groot vrees was nie om op die slagveld te sterf nie, maar om gevange geneem en na Ceylon gestuur te word, Ceylon of enige van die Indiese kampe. Hoekom die vrees vir Ceylon so groot was, weet ek nie, maar van ons klompie was ek seker die bangste om van my land weggestuur te word. Liewer die dood as banneling in 'n vreemde land. Die vrees was byna 'n obsessie.

Die najaarsreëns het al dae lank geval. En daardie tyd het dit nog *gereën* hier in Transvaal! Die aarde was deurweek en die spruite en riviere tot oorlopens toe vol. 'n Goeie perd wat nie bang was vir water nie, was goud werd. Gelukkig dat ons genoeg Tommies kon gevange neem om hul jasse, komberse en ammunisie buit te maak, anders sou ons maar swaar gekry het met die reëns en koue nagte van die naderende winter.

Ons wou dié nag op Remhoogte slaap, maar ons spioene bring ons vroeg die oggend al die tyding dat genl. Hamilton ons met 'n kolonne van 1 800 man agtervolg. Ons het goed geweet dat hy gelei word deur 'n paar joiners. Gou gewaar ons die voorhoede van die vyand. Kort daarna was daar 'n kwaai geveg. Ons was goed verskuil en ver van mekaar versprei sodat die vyand nie ons getalle kon skat nie. Tot omstreeks twee-uur die middag het ons hulle goed op 'n afstand gehou, en soos dit op baie ander plekke gegaan het waar 'n paar dapper Boere 'n hele kommando van die vyand teruggedryf het, geluk dit ons ook om hulle te sien omdraai en op die vlug slaan – of so het dit ten minste vir ons gelyk. Ons was nog meer in ons skik toe ons sien dat hulle heeltemal draai en koers vat terug na Ermelo.

Die hele dag het dit eenstryk deur gereën. Oral blink die water; die spruite het bruisende riviertjies geword. Stadig klaar die weer op, en weldra skyn die son. Hoe welkom is sy strale tog nie op ons nat klere nie! Die heerlike warmte is van korte duur, want die son sak vinnig. Nog 'n rukkie vertoef ons op die hoogtetjie tussen die klippe, en nadat elkeen sy stuk droë pap ingewurg het, vertrek ons in 'n rigting teenoorgesteld aan dié waarin die vyand 'n paar uur vantevore "gevlug" het.

Afgemat is ons vyftigtal burgers na Remhoogte. Ek het koud, nat en vol pyn op 'n stampende karretjie gesit wat deur vier muile getrek is. 'n Perd het my 'n ruk vantevore op die been geskop en ek het baie pyn verduur as ek moes perdry. Langs die muile het my drie swart perde gedraf.

Vroeg die aand het ons op Remhoogte aangekom, vuur gemaak, koffiewater gekook – ja, water vir swart, bitter mieliekoffie – en 'n potjie pap gemaak vir die aandete en die volgende dag. Nadat die perde en muile gespan was, het daar stilte in die kampie gekom. Almal het gaan slaap en geen brandwag is uitgesit nie.

Natuurlik was dit nalatig. Maar ons het mos gedink dat ons die vyand teruggedryf het; hulle het wel verraderlike joiners by hulle gehad as gidse, maar ons het gereken hulle was net so moeg soos ons.

Intussen het die vyand omgespring van 'n plekkie waar hulle die middag gekampeer het. As gidse het hulle oorlopers gekies wat die wêreld goed geken het. In die helder maanlig kon hulle vinnig die vars spore op die nat grond volg.

Gelukkig het een van ons die gedreun van die perdepote gehoor en die slapende manne wakker geskud. Gou was dit net 'n geroep en gewerskaf om alles vir 'n haastige vlug gereed te kry. Daar galop party al weg; hier sukkel 'n ander nog met sy perd se nat spanrieme, en hier haas ek my om gou, baie gou, met 'n paar behendige vatte die tuie oor die vier muile te kry en my drie perde daaraan vas te maak. Vinnig nader die aanstormende vyand, maar ek kom darem betyds weg.

Dit skiet, raas en skreeu, maar ek voel nou veiliger, want die vyand bly agter op hulle uitgeputte diere. Helaas! Daar trek my muile skeef en swaai naderhand reg terug. Een van my perde het voor om die muile gespring, en voordat ek die spul uit die war kon bring, is die vyand op my.

"Hands up!" bulder 'n Tommie. Vinnig word ek ontwapen en sewe wagte om my geplaas. Die res van die vyand agtervolg nog die ander Boere. Dit geluk hulle om party te vang, maar die meeste spring vry.

Vroeg die oggend begin dit weer reën. Fyn sif die druppeltjies op ons neer. My muile staan nog ingespan, maar die drie perde is nou agter die kar aan hul halterrieme vasgemaak. Moedeloos staan ek die spul en aanskou. Sou hulle my nou ook Ceylon toe stuur, of miskien na St. Helena?

"Wat, dink jy, gaan hulle met ons maak?" vra ek aan een van die wagte. Blykbaar het hy my nie verstaan nie, want hy antwoord nie – hy verroer hom selfs nie eens nie. Versigtig loer ek in sy rigting totdat ek hom vol in die gesig kyk. Kan 'n mens so moeg wees dat jy kan staan en slaap? Nou en dan gaan die oë so half oop en staar leweloos voor hom uit. Ek neem so ongemerk ook die ander in oënskou. Ja, die laaste een is so te sê vas aan die slaap.

Nou is ek nie meer moedeloos nie, en my gedagtes werk vinnig om van die gulde geleentheid gebruik te maak. Nou nie meer Ceylon toe nie! Kom ek nie weg nie, wel, dan maar liewer dood! Dan het ek tog darem gebruik gemaak van die een kans uit honderd, en niemand sou my dit verwyt nie.

Ongemerk kom my hand uit my sak met my knipmes. En voordat jy kan sê "Knipmes!" was die rieme waarmee my perde vasgemaak was, afgesny. Geen tyd om nou aan 'n seer been te dink, 'n saal te soek of om net eers tou-in-die-bek te sit nie. Met een spring is ek op Prins se rug – hy was een van my drie perde – en nog voordat die Tommie wis wat gebeur, lê hy op sy rug in die modder, en daar trek ek met een van die twee ander perde aan die riem, terwyl die derde my volg. Nog geen tien tree was ek weg nie of daar knal die eerste skoot – maar dis mis. Nou gaan dit al hoe vinniger reguit af op 'n spruit wat ongeveer twee myl verder lê. Daar lê my enigste redding, want ek het geweet dat die spruitjie kant en wal loop en dat 'n perd hom moet ken om oor te kom. En my perd ken die ding!

Die hele kommando probeer van links en regs om my voor te keer, maar die swart perd lê plat soos hy haal om uit te kom. Die vyand kon op dié oomblik nie skiet nie, uit vrees dat hulle hul maats aan die oorkant tref. Maar toe die agtervolgers begin uitdun en daar nog net een op 'n wit-blou perd my agtervolg, moes ek net lelik plat lê om nie getref te word nie. Die oggend het die vyand gelukkig, soos by so baie ander geleenthede, die visier seker op agt honderd tree gestel gehad en op twee honderd gemik, of andersom.

Wat my dronkslaan, is dat my agtervolger, 'n joiner, my nie kon tref nie. In elk geval, dis naderhand net 'n wedloop tussen my en hom, en die spruit nader vinnig. Die Engelse kommando het nou na links en regs uitgesprei en my teen die vol spruit probeer vaskeer. Ek, weer, pyl op die plek af waar ek weet die spruit op sy nouste is, want ek was goed bekend met daardie streek. Voordat ek nog wis wat gebeur, spring Prins met my byna skoon oor. Net sy agterpote het die water geraak. En daar jaag ek weer net so vinnig as wat die getroue dier kon loop.

'n Rukkie hierna kom my agtervolger ook by die spruit. So in die jaag sien ek hoe sy perd botstil gaan staan op die spruit se wal. Hy wou dus nie die sprong waag nie. Nou eers begin hy skiet – net een skoot tref my, maar gelukkig net deur 'n vou in die baadjie, net onderkant my hals soos ek plat op die perd se nek lê. Toe die kleingeweervuur naderhand ophou, hoor ek dat hulle met die bom-meksims op my begin lostrek. Om nie getref te word nie, draai ek nou links en dan weer regs. Soms hou ek stil, en dan val die bom voor my. So het dit aangehou totdat ek oor die gesigseinder verdwyn het, nog altyd gevolg deur my twee ander perde.

Laat die aand kom ek toevallig by my swaer Willie de Jager. Hy is die nag ook gevang, en het die oggend ook daarin geslaag om te ontsnap. Die nag het ek en hy onder 'n dun tafelkleedjie geslaap – al wat ons op die verlate vlaktes kon optel. Daardie selfde nag was ons weer in groot gevaar om gevange geneem te word, want ons het in die riete op die rand van die pannetjie geslaap, terwyl die Engelse rondom die pan getrek het.

'n Kort rukkie ná die gebeurtenis het dit vrede geword, en ons moes gaan wapens neerlê op Remhoogte, en by dieselfde generaal Bruce Hamilton. Daar herken hy die drie swart perde en sê aan my: "Come on, my man, I'll give you £300 for your three horses." Ek het hom in gebroke Engels laat verstaan dat ek nooit my getroue diere, wat soos ware vriende vir my geword het, aan hom sou verkoop nie.

Prins is in 1918 op my plaas Kromdraai van ouderdom dood nadat hy jare lank genadebrood geëet het. Die ander twee het ek afgestaan aan 'n goeie vriend wat hulle graag wou hê en wat hulle baie goed opgepas het.

Die Huisgenoot, 22 Januarie 1937.

Tussen water en vuur

G.D. Kotzé

Swaar reëns het in die Vrystaat geval toe genl. De Wet 'n rapport van een van sy verkenners ontvang dat 'n groot Engelse mag in die rigting van die Sandrivierbrug opruk en heel moontlik die rivier sal oorsteek. Daar was wel 'n drif en 'n skuit 'n paar myl bokant die brug, maar mens kon net met groot gevaar daar deurtrek, en dit was onwaarskynlik dat die Tommies dit sou waag.

Dit het die Boeregeneraals nou 'n gulde geleentheid gebied om die Engelse in 'n hinderlaag te lei en hulle met 'n sekere mate van sukses teen die oormag te verdedig.

'n Groot Boeremag onder genl. De Wet en kommandante Froneman en Du Plooy het dus by die Sandrivier saamgetrek. Omdat die generaal niks aan die toeval wou oorlaat nie, het hy kmdt. Du Plooy beveel om saam met dertien burgers, my inkluis, die drif en skuit wat aan die oorkant van die rivier in vyandelike gebied gelê het, te gaan bewaak en hom dan dadelik te laat weet as daar gevaar van daardie kant dreig. Die rivier was vinnig aan die afloop, en as die vyand 'n afdeling troepe by die drif sou deurstuur, kon hulle ons van die flanke af onder die vuur kry.

Net kort duskant die drif loop 'n braksloot in die rivier, en omdat die sloot en rivier begroei was met bome en struike het ons gedink ons perde sou in die sloot veiliger wees as op die wal. Hulle sou ook byderhand wees as ons skielik moes retireer. Gevolglik het ons hulle in 'n kring getrek en aan een man toevertrou.

Ons het ongeveer nege-uur daar aangekom. Die aanhoudende gevuur van ons en die vyand se artillerie was genoegsame bewys dat daar kwaai geveg word. Met tussenposes het ons onrustig begin word, want die Engelse mag was oorweldigend en ons het gevoel dat ons generaal langsamerhand moes retireer. Dit het ook werklik gebeur, maar weens 'n misverstand tussen die Boereoffisiere het hulle versuim om ons in kennis te stel om ons posisie te ontruim.

Omstreeks twaalfuur het kmdt. Du Plooy my beveel om te gaan verken, want die kanonvuur het heeltemal opgehou.

Die brug was nie sigbaar van die plek waar ons stelling ingeneem het nie, dus moes ek 'n paar honderd tree daarvandaan 'n koppie uit-klim om die vegterrein te kan sien.

My verbasing was groot toe ek op die wal van die rivier uitkom en gewaar dat die Engelse, wat soos miere wemel, honderd tree of wat van die rivierwal af afsaal.

Ek het dadelik teruggegaan en ons mense van die gevaarlike situ-asie gesê. Ons was aan albei kante afgesny. Aan die een kant was die vol rivier, aan die ander kant die vyand en 'n braksloot waarvan die walle so hoog was dat ons onmoontlik daar kon uitkom.

Sommige van die manskappe wou oorgee, maar ek het voet by stuk gehou en hulle probeer oortuig dat ons 'n skrale kans op ontvlugting het as ons net wag tot die Engelse almal afgesaal het. Omdat ek so vasbeslote was om weg te kom, het die ander ook besluit om dit te waag deur die vyand te verras.

Ons het ons perde gereed gehou. Elkeen moes in 'n ander rigting jaag, sodat hulle nie die meksim of kanon op ons kon afvuur nie, wat baie doeltreffend sou gewees het as ons op 'n klomp gejaag het.

Ek het wag gehou, en die teken gegee toe sommige van die Kakies gaan water skep in die rivier – wat dus ons teenwoordigheid in elk geval sou verraai het.

Ons het ons perde die teuels en spore gegee, en soos ons verwag het, was die Engelse so verbaas dat hulle ons staan en aangaap het; net so hier en daar het party die teenwoordigheid van gees gehad en wapens gegryp. Ons perde het oor die saals van die vyand gespring wat hulle in rye gepak het, die een teen die ander.

Eers toe ons sowat honderd tree weg was, het sommige van die Tommies opgesaal, maar die meeste het nou op ons begin vuur. Die koeëls het gereën en oral om en voor ons het die stowwe opgeslaan soos hulle geskiet het. Ons perde, wat aan hierdie soort speletjie ge-woond was, het hul kragte ingespan, maar dit het gelyk asof hulle vasgemaak is. Dit het na 'n ewigheid gelyk voordat ons uit die erg-ste gevaar uit was.

'n Ander gevaar het nou gedreig. 'n Paar lansiers, wat opgesaal het en wie se perde vet en fris was, was nou in volle vaart agter ons aan en het ons vinnig begin inhaal. Ons perde was maer en swak en kon nie so 'n dodelike pas oor 'n lang afstand volhou nie.

Kmdt. Du Plooy, 'n ander burger en ek het nou langs mekaar gejaag, en aangesien my perd die swakste van die drie was, het ek begin agterraak. Die voorste lansier het op 'n groot swart perd gery en dit het gelyk asof hy oor die aarde heen vlieg en my perd vasgemaak was. Ek het begin voel soos 'n rot in 'n vanghok: magteloos en weerloos. Toe ek weer omkyk, was hy twintig, dertig tree agter my. Met 'n rooi en boosaardige gesig, asof van die duiwel besete, het hy uitgebulder: "Hands up or die!" 'n Sabel wat hy reeds uit sy skede getrek en wat geglinster het in die son, het hy bokant sy kop gehou. Die dood was op my hakke en ek het gedink dis my laaste dag; die lansiers was bekend as wrede kêrels.

'n Inspirasie … en my magteloosheid het verdwyn soos mis voor die son. My besluit was geneem: ek sou sterf as dit daarop aankom, maar ek gaan myself verdedig. Die volgende oomblik het ek my geweer in sy sak gesteek en my rewolwer uitgeruk.

Die lansier het reeds sy sabel gelig en homself ook in sy stiebeuels gelig, klaar om te kap. Maar op daardie selfde oomblik het ek my perd dwars gedraai en hom vlak voor sy bors geskiet. Hy het agter op my perd geval, so naby was hy aan my. Sy maat wat nie te ver agter hom was nie, het skielik sy perd ingehou. My pistool was aangelê en ook hy moes die tyd met die ewigheid verwissel.

Ek het dadelik op die swart perd geklim en ons het gou oor 'n rant verdwyn.

Die veertien man wat Sandrivier se drif moes bewaak, het almal ontsnap. Die tweede dag daarna was ons weer op kommando. Die swart perd het, soos te verstaan was, myne geword. Ek het hom nog lank gery, en hy het my uit menige gevaar gedra totdat 'n vyandelike koeël hom ook neergevel het.

Die Huisgenoot, 19 Februarie 1937.

Boer en Brit soos broeders saam

Kaptein R.J.F. Britz

Onder die Vrystaatse Afrikaners is Kersfees voor die oorlog nie kerklik gevier nie. Kersdag is gewoonlik stil deurgebring, en dinge het maar hul gewone gang op die plase gegaan. In een enkele geval onthou ek dat die bure bymekaargekom het en daar toe sport gehou is soos perderesies en skyfskiet.

Die laaste Kersfees in die oorlog (1901) het ons klomp jonges in die staf van genl. Nieuwoudt besluit om die dag te vier en dat perderesies die vernaamste sport sou wees. Twee dae voor Kersfees het ons 'n program opgestel, dit gestuur aan kommando's in die nabyheid en hulle uitgenooi na Paljasfontein, waar ons gestaan het. Nadat alles gereël was, moes ons nog die toestemming van die bevelvoerder kry. Hy was verbaas toe hy ons versoek hoor:

"Wil julle op Kersdag sport hou?" het hy gevra.

Ons het verduidelik dat daar nie op die resies gewed sou word nie en dat dit maar 'n onskuldige feesviering sou wees.

Ná 'n rukkie nadink antwoord hy: "Julle sal môre resies jaag, maar nie die soort resies wat julle nou vra nie." Toe ons hom vra watter soort resies hy bedoel, antwoord hy dat ons miskien Engelse sal jaag.

Ons gaan toe terug na ons maats en sê vir hulle wat die antwoord van die generaal is. Ons besluit egter om maar voort te gaan met die plan, aangesien die generaal nie direk geweier het nie. Aan Engelse jaag het ons maar min geglo, want daar was geen Engelse in 'n omtrek van dertig myl nie.

Ons stuur eers 'n paar kêrels na 'n buurplaas om ryp appelkose te gaan haal om die gaste wat ons genooi het, te trakteer. Op Paljasfontein was daar baie ryp vye.

Die middag laat voor die fees kom daar 'n rapport van ons verkenners dat daar 'n Engelse mag van Philippolis se kant af aankom en dat hulle op die pad is wat loop oor die plaas Leeufontein, waar een van ons kommando's staan, ongeveer drie myl van Paljasfontein af. Die generaal het toe aan kmdt. Pretorius, wat op Leeufontein was, opdrag gegee om die vyand op dié plaas in te wag. Die generaal sou dan van agter aanval. Die generaal het die hele nag wakker gebly, en 'n paar van ons saam met hom. Naderhand was dit rooidag, en die generaal sê vir my: "Maak die burgers wakker en sê hulle moet opsaal."

Nadat ek die fluitjie geblaas en die bevel gegee het, sê die generaal ek moet saam met hom na die kliprantjie gaan, van waar die pad waarop die vyand is, gesien kan word. Toe ons op die rantjie uitkom, sien ons 'n dik streep stof op die pad oor die nek na Leeurivier. Die generaal het die verkyker 'n paar sekondes voor sy oë gehou en sê vir my: "Hardloop soos 'n resiesperd na die huis en stuur 'n boodskap aan kommandante Theunissen en Munnik Hertzog dat hulle dadelik na Leeurivier se nek moet jaag – en bring die staf en verkenningskorps hierheen."

Ek het dadelik sy bevel uitgevoer. Toe ons terugkom by die generaal, gee hy bevel om die nek te storm. Toe ons in die nek kom, was die Engelse mag al op Leeurivier en ons kon kmdt. Pretorius se kommando sien retireer die anderkant van die plaas uit. Die generaal wou dadelik agter die Engelse aanstorm, maar kommandante Theunissen en Hertzog was nog nie by die nek nie. Hulle het omtrent nog 'n myl daarvandaan aangekom.

Terwyl ons nog op hulle wag, kom 'n perderuiter van agter met die pad waar die vyand so pas verby getrek het. Hy rapporteer dat 'n Engelse konvooi 'n paar myl daarvandaan agter die rantjies aankom. Die generaal besluit toe om die konvooi van omtrent vyftig muilwaens en karre en honderd perderuiters aan te val.

Kmdt. Theunissen kry bevel om met sy kommando aan die regterkant van die pad en kmdt. Hertzog om aan die linkerkant voort te beweeg, die vyand tegemoet. Die staf en verkenners het in die pad afgetrek. Die bevel was om op 'n stap te ry.

Nadat ons 'n entjie so gery het, kom twaalf van die voorhoede van die konvooi voor ons op die rantjie uit. Hulle ry ook op 'n stap. Hulle het natuurlik gedink ons is hulle mense, want 'n halfuur tevore het hulle mense dieselfde pad getrek. Toe ons omtrent vyftig tree van hulle af was, merk hulle onraad.

Ons gee ons perde die teuels en spore, en voor hulle hul geweers kon uithaal – hulle het met die geweers in die geweerskoen gery – was ons tussen hulle en ontwapen hulle. Teen dié tyd was die voorpunt van die konvooi ook al op die rantjies en kon hulle sien wat gebeur. Kommandante Theunissen en Hertzog was al op 'n stywe jaaggalop weerskante van die konvooi. Ons storm reg op die konvooi af. 'n Hewige geveg ontstaan, maar binne vyftien minute het ons hulle oorrompel en moes hulle oorgee.

Aan ons kant was een man dood en twee gewond. Van hulle was 'n paar dood maar nie een gewond nie. 'n Paar waens se disselbome was af omdat die muile omgespring het. Ons het die goed op daardie waens oorgelaai op die ander waens en die konvooi dadelik na Paljasfontein laat trek.

Ons buit het bestaan uit ses en vyftig waens en karre en meer as vyf honderd muile en perde, omtrent honderd geweers en duisende patrone. Op Paljasfontein het ons 'n deel van die patrone begrawe en toe na die volgende plaas getrek. Daar het ons uitgespan, die waens afgepak, geneem wat ons wou hê en die waens aan die brand gesteek.

Toe alles tot stilstand gekom het, vra die generaal of ons tevrede is met ons sport. Of ons tevrede was? Al moes ons die verlies van een van ons burgers betreur, was ons hoogs in ons skik met ons feesviering. Vir elke Engelse soldaat was daar 'n Kerspakkie, bestaande uit 'n klein dadelpoeding, 'n pakkie sjokolade, 'n pakkie sigarette en 'n sakpotloodjie van die Koningin, behalwe die drank, koffie, suiker, konfyt, ensovoorts.

Ons het die Engelse wat ons gevange geneem het, genooi om saam met ons fees te vier. Hul aanvoerder was kaptein Watson. Ons het vir die oomblik vergeet dat ons vyande is en broederlik saam feesgevier.

Die Engelse wat agter kmdt. Pretorius aan was, het op 'n plaas agt myl van waar ons die konvooi kafgeloop het, gaan afsaal en op die konvooi gewag. Die middag om drie-uur het hulle by die stukkende waens van die konvooi aangekom en toe teruggetrek na Philippolis, waarvandaan hulle gekom het. Hulle was toe seker al baie honger. Mens sou graag hul uitdrukkings wou gehoor het toe hulle agterkom dat hulle al hul kos en drank kwyt was en nog 'n dertig myl moes trek voor hulle weer kos kon kry. Wat ons betref, het die Kersfees twee volle dae geduur.

Ons het dadelik aan kmdt. Pretorius 'n boodskap gestuur dat ons sy deel van die buit vir hom hou en dat hy dit moet kom haal. Hy en sy kommando het die tweede dag saam met ons feesgevier.

Die Huisgenoot, 23 Desember 1938.

Die onoortreflike Blessie

Maurits J. Dommisse

Blessie was nie juis 'n danige perd om na te kyk nie en sou op 'n skou seker nooit 'n prys gewen het nie, en tog sou ek hom nie vir die mooiste kampioenperd verruil het nie. Hy was sommer 'n gewone Boerperd met 'n blessie en vier wit pote. Hy was kort en stewig gebou, omtrent veertien hande hoog, met 'n pragtig gevormde kop, wakker oë en kort, spits ore. Hy was vurig van geaardheid, vinnig en rats. In die donkerste nag het hy deur slote en oor kliprante gegaan en nooit gestruikel of misgetrap nie. Hy het oor 'n doringdraad gespring asof dit niks was nie, het 'n gang geloop, was geskik van geaardheid en doodmak en daarby besonder intelligent.

Ons het soms dag en nag aaneen gery, sodat baie ruiters aan die slaap geraak en afgeval het en die rydiere heeltemal uitgeput was, maar Blessie het altyd ewe wakker en lewendig gebly. Hy was nooit flou of bevange of uitasem nie.

Op 'n keer was generaal Beyers met sy staf in die distrik Bethal toe hy opdrag kry om sonder versuim die Engelse opmars na Soutpansberg te gaan stuit. Laat die middag vertrek hy en enkele lede van sy staf en om elfuur daardie aand word vir die eerste keer afgesaal anderkant die treinspoor in die Bosveld. Nadat die perde gerol het, word daar weer opgesaal, en die volgende môre was ons in Chuniespoort, sowat agtien myl van Pietersburg af. Dit was 'n afstand van ongeveer 150 myl.

Boonop stuur generaal Beyers toe nog vir Hendrik Mentz en my vooruit om die kommando's te gaan bymekaarmaak. Ons het die hele dag tot donker hard gery en moes feitlik met die Engelse reisies jaag om voor te bly. Nadat Blessie amper dertig uur onder die saal was, het hy nog geen tekens van afmatting getoon nie. Sy uithouvermoë was ongelooflik.

Op 'n keer moes Hendrik Mentz en ek 'n rapport aan die Waterberg-kommando gaan aflewer. Ons pad het deur 'n digte boskloof geloop en ons kon niks rondom ons bespeur nie, maar kort-kort steek Blessie vas net asof hy wou sê: "Pasop, hier is gevaar." Ek druk hom weer vorentoe, maar toe hy weer beslis vassteek en sy ore spits, wis ek daar is onraad en ruk ook sommer kortom, en net betyds, want toe fluit die koeëls.

Met al die nagtelike aanvalle het ons bevel gekry om ons perde te span, maar ek het Blessie nooit gekniehalter of gespan nie, want douvoordag het hy my by die saal kom wakker maak. Ek het my nooit aan 'n riem of halter gesteur nie. Ons moes dikwels vlak voor die Engelse verbyjaag. So het dit gekom dat Blessie my eendag amper in die grond laat ploeg het, maar darem nie sonder gegronde rede nie. Dit het so gebeur: Die kanonne bestryk ons op die flank en die kommando jaag in verspreide orde uit terwyl die granaatkartetse onder ons fluit en bars. In die harde jaaggalop steek Blessie skielik vas dat hy so op sy vier pote oor die grond gly, en geen telling daarna nie bars die bom tien tree reg voor hom. 'n Goeie oorlogsperd kan vir 'n kanon-koeël padgee, want aan die fluit het hy geweet waar die bom sou gaan bars.

Nog 'n geval: In 'n geveg by die ingang van Sandrivierspoort, distrik Waterberg, het daar van die perde tussen die posisies van die twee vyandelike magte ingekom. Toe die Engelse merk dat ek en adjudant Lourens van Niekerk die perde wou gaan keer, rig hulle die kanonne op ons. Twee bomme bars gelyk vlak by my en ruk my katswink, maar sonder dat daar 'n skrapie aan my is. Van Niekerk hardloop vorentoe, kry sy perd in die hande en spring bloots op sy rug en kom aangejaag tot waar ek lê, met Blessie kort op sy hakke.

Toe Blessie my sien, steek hy vas en ruik oor my, net asof hy my met sy bek wil optel. Ten spyte van die hewige kanon- en kleinge-weervuur staan hy doodstil terwyl Van Niekerk my op sy rug tel. Toe ek hom aan sy maanhare pak, hardloop hy reguit na my saal. Teen dié tyd was die Engelse voorhoede net 'n paar honderd tree ver. Ons moes nou tussen hulle deur om by ons regterflank te kom. Ons twee storm, skiet uit die saal en vang 'n paar van die voorste ruiters, want die Tommies kon mos nie uit die saal skiet nie. Blessie het geweet wanneer ek my geweer aangooi. Dit was net asof hy dan sy galop makliker gemaak het, terwyl hy sy kop opsy getrek het.

Ek moes dikwels met rapporte deur die vyandelike linies ry, maar ek was nooit onrustig nie, want daar was geen beter spioen as Blessie nie. Hy het die vermoë besit om Engelse soldate en hul swart helpers op groot afstande te gewaar en het my dan deur sy onrustige bewegings betyds gewaarsku. Hy het sy kop laat sak, oor die grond geruik, ongeduldig met sy voorpoot in die grond gekap en gesnork.

Met die groot omsingelingsbewegings waartoe die vyand met sy oormag in staat was, was die tyd vir stellinggevegte verby. Sodra die vyand 'n knyptang om ons gegooi het, moes ons maar stormjaag en 'n pad oopskiet. Sulke gevegte het dikwels die hele dag geduur en dan kon ek dubbel op Blessie staatmaak. Op lang afstande kon geen perd voorbly nie.

By Moddernek, Waterberg, neem ons posisie in 'n koppie in en hou die vyand teë om die voetgangers en swak perde 'n kans te gee om veilig uit te kom. Toe die vyandelike ruiters reeds tot 'n paar honderd tree genader het, verlaat ons die posisie, maar ons het nie bemerk dat ons reeds byna omsingel was nie. Nou kon ek op Blessie reken. Ek jaag sommer maklik los voor en kry nog 'n kans om af te spring en links en regs te skiet op die vyand, wat nou ooplê soos hulle jaag om ons voor te keer.

Onder die hewigste kanongebulder en geweervuur, wanneer ander perde vasgehou moes word, het ek die toom voor oor Blessie se kop gegooi en dan het hy doodstil daar bly staan; of as ek wou hê dat hy my moes volg, het ek net die toom agter die kombers op die saalboom vasgehaak en dan het Blessie met sy kop teen my skouer agter my aangedraf. Dit het gebeur dat hy saam met my teen rotswande uitgeklim het waar geen bobbejane kon loop nie, en van hoë kranse afgeseil het. Dit was nooit nodig om lat of spore te gebruik nie, want ons twee het mekaar verstaan.

Omstreeks Maart 1902 het die vyand al sy kragte ingespan om Noord-Transvaal skoon te vee. Die Britte het met 'n oorweldigende oormag van alle kante uitgetrek om ons in te sluit. Ons was van dagbreek tot donker gedurig met hulle slaags en was dankbaar wanneer dit eindelik donker word. Dit was tagtigduisend teen 'n handjie vol Boere. Van koskook of vuurmaak was daar geen sprake nie. Die bevel was: net die stang uithaal en met Mauser en toom in die vuis slaap, en die hemel bewaar die man wat 'n tonteldoos stryk. Die burgers het met hul knipmesse voer vir die perde gesny en Blessie was ook altyd ruimskoots voorsien. Baie perde het ingegee, en terwyl ons die vyand gedurig terugskiet, het die voetgangers in die berge ingevlug waar die vyand hulle nie kon agtervolg nie.

Gedurende die geveg van Malepspoort ry ek saam met genl. Beyers om ons linkerflank, bestaande uit voetgangers, in posisie te stel. Die mis het intussen so toegetrek dat ons geen vyf en twintig tree voor ons kon sien nie. Die voetgangers, wat die terrein nie geken het nie, het in die digte mis stelling ingeneem met hul rug na die vyand. Toe ons skielik voor hulle uitkom, maak hulle klaar om te skiet, maar Abraham Coetsee skree: "Moenie skiet nie, kan julle nie sien dis Blessie nie!" Daar was geen man in Noord-Transvaal wat hom nie geken het nie.

Toe genl. Beyers later berig kry om saam met ander gekose verteenwoordigers na Vereeniging te gaan vir die vredesonderhandelinge, was ons sowat vyf en dertig myl noord van Pietersburg, en 'n paar Engelse offisiere het ons daar ingewag om ons vrygeleide te doen. Genl. Beyers het Frikkie van Manen, my en 'n paar van sy stafoffisiere saamgeneem. Hy vra my toe om Blessie dié dag te mag ry, want hy wou die Engelse offisiere wys hoe 'n Boerekommando kon ry! Blessie het dan ook daardie dag, hoewel hy maande lank so te sê dag en nag onder die saal was, spog-spog op 'n stywe gang geloop sodat die ander perde op 'n draf moes byhou. Toe ons Pietersburg inkom, was die perde van die Engelse offisiere kapot, en een van hulle het gesweer dat hy nooit weer met 'n Boerekommando sou saamry nie. Hy het my sommer £100 vir Blessie aangebied, maar ek sou my perd vir geen geld ter wêreld verkoop het nie.

Ons is daarvandaan per spoor na Vereeniging en het die perde by Pietersburg laat agterbly. Genl. Beyers het my opdrag gegee om die kommando's wat oor Soutpansberg en Waterberg versprei gelê het, te gaan aansê om in te kom. By my terugkoms is ek meegedeel dat Blessie dood is. Toe ek dit aan die generaal sê, het hy hom omgedraai en ek kon sien hoe die onverskrokke held met sy hand oor sy oë stryk.

Toe 'n deel van die kommando op Pietersburg aankom, sê een van die burgers vir my dat hy Blessie onder 'n Engelse offisier gesien het. My troue Blessie – ek het hom oral gesoek, maar kon hom nêrens kry nie en het eers 'n maand ná die vrede die vrugtelose soektog laat vaar en treurig huis toe gegaan.

Die Huisgenoot, 19 Mei 1939.

Deur Wagter gered

S. Swanepoel

Op 'n koue môre, terwyl ek in die flou wintersonnetjie teen my woon-
huis se muur staan om warm te word, gewaar ek iets teen 'n ou roos-
boom se stam. Ek loop nader om te ondersoek wat dit is, en tot my
grootste verbasing sien ek 'n klein hondjie daar lê, byna verkluim van
die koue. Ek dra hom na die kombuis, gee hom bietjie warm melk en
lê hom op die matjie voor die stoof neer. Van daardie oggend af het
die hondjie sy tuiste by ons gevind. Hy het spoedig opgegroei tot 'n
pragtige groot dier en het die naam Wagter gekry.

Toe die oorlog uitbreek, is ek opgekommandeer. Die oggend van my
vertrek was dit 'n naarheid op die plaas soos Wagter te kere gegaan
het, want hy is vasgemaak. Die kinders het opdrag gehad om hom nie
los te maak nie, omdat ek bang was dat hy my sou volg en só sy einde
sou kry. Maar die tweede dag kom Wagter by ons kommando aan,
moeg en uitgeput van die honger.

Dag ná dag het hy met my saamgegaan. In die geveg by Sprinkaans-
nek aan die einde van 1900 is ons deur die vyand vasgekeer. Oorgee
wou ons nie, en ons het toe maar op een punt gekonsentreer om vir
ons 'n pad te probeer oopskiet en so te ontvlug. Die plan geluk toe
ook. Die hele tyd was Wagter by my. Ons was feitlik al uit die gevaar
toe 'n vyandelike koeël my in die linkerbeen tref, en op dieselfde
oomblik word my getroue ou perd Prins ook doodgeskiet. Hy sak in-
mekaar onder my en daar lê ons: Prins dodelik gewond en ek met 'n
koeël deur die been. Wagter het hulpeloos by ons gestaan en na alle
kante gekyk. Die pyn in my been het al hoe erger geraak en boonop
het die son begin steek. Naderhand het ek my bewussyn verloor.

Toe ek oplaas weer my oë oopmaak, lê ek onder 'n krans in die
koelte, terwyl Wagter langs my sit en my gesig lek. Sodra hy gewaar
my oë is oop, gee hy so 'n blaffie van blydskap. Ek stoot my broeks-

pyp op en daar sit die gapende wond. Wagter het sommer die wond begin lek. Dit was nou vir my duidelik hoe ek in die koelte gekom het: daar was 'n sleepsel en dié het sy eie storie vertel. Die arme Wagter het maar 'n swaar taak gehad, want ek was 'n fris geboude man.

Nêrens was daar nou 'n teken van 'n vriend of vyand te bespeur nie. Die bietjie kos in my bladsak het ek mooi tussen ons twee verdeel. Daar was ook nog 'n bietjie water in my waterkannetjie wat ons kon drink. Maar wat vang ons aan wanneer dit op is? Ek kon my amper nie verroer sonder om bykans ondraaglike pyn te verduur nie.

Meteens gewaar ons perderuiters onder in die laagte. Wagter wou net opspring en blaf, maar wonderlik, dit lyk of hy ook gewaar dit is Engelse en besef in watter nood sy baas verkeer. In plaas van te blaf, kom lê hy styf teen my aan, met sy kop op my lyf asof hy my wil beskerm. Gelukkig swenk die Engelse weg en gaan ver onder ons verby.

Nou was daar weer 'n ander vyand: honger en dors. Ek was al amper raadop toe ons weer twee perde gewaar. Gelukkig was dit dié keer twee van my landgenote. Teen dié tyd kon Wagter ook al goed onderskei tussen Boere- en Kakiedrag. Hy spring op en hardloop blaf-blaf na die perderuiters en keer dan terug na my toe.

Eindelik het die hond die aandag van die twee getrek. Hulle het my na 'n naburige woning geneem, waar ek verpleeg is tot ek herstel het en weer op kommando kon gaan. Die hele tyd het Wagter my opgepas.

Snags wanneer dit op die oop veld so koud was dat 'n mens se tande op mekaar klap, het Wagter nader gelê en my met sy wollerige liggaam verwarm. Teen die einde van die oorlog moes ons egter van mekaar afskeid neem.

Ons het afgesaal en rustig lê en pyp rook en gesels, toe ons skielik 'n skietery hoor. Voordat ons weet wat gebeur het, spat die vyandelike koeëls tussen ons. Een van dié koeëls het Wagter getref. Ek sien duidelik dat hy dodelik gewond is en baie pyn verduur. Ek streel sy kop en probeer hom troos. Tyd vir versuim was daar egter nie. Ek neem my roer, sit dit aan my skouer en vat goed korrel. Wagter kyk nog een keer tevrede na my. Die skoot knal. Wagter gee nog een stuiptrekking en hy is daar nie meer nie. Met bewende hande laat sak ek die geweer en loop nader om seker te maak Wagter is dood. Met trane in my oë het ek my getroue dier aanskou.

Die Huisgenoot, 26 Mei 1939.

Twee keer afskeid

F.G.A. Wolmarans

In 1896, toe ek veertien jaar oud was, het ek van my oupa 'n mooi klein vaal hondjie gekry. Terwyl haar oë nog toe was, het groot langstert-rotte een van haar neusklappies afgevreet. Toe sy omtrent 'n jaar oud was, het my suster per ongeluk 'n koppie warm water op haar laat uitval, en dié plek op haar linkerrib was daarna altyd sigbaar, want die nuwe hare het regop gestaan. Toe sy volwasse was, het sy soos 'n leeu-wyfie gelyk.

Met die groot vlug in Februarie 1901 in die rigting van Delagoabaai [ten tyde van die eerste groot Britse dryfjag, naamlik in Oos-Transvaal] is my hond ook saam met die honderde waens en duisende beeste en skape. Die burgers het by Ermelo al weer deurgebreek en terug-gekom, maar die vee is óf deur die Engelse gevat óf moes deur Swazi-land vlug. Die waens moes agterbly en my hond het by ons wa gebly.

Ná 'n paar dae het 'n oom van my by ons wa aangekom en dit ver-brand aangetref. My hond het ernstig gewond daar gelê – sy is deur 'n sabel of bajonet stukkend gekap, miskien toe sy vreemdes nie by die wa wou toelaat nie. Ek het my maar getroos met die gedagte dat sy haar lewe gelaat het in ons stryd om vryheid en reg.

'n Jaar later, in Januarie 1902, is ons klompie burgers een nag om drie-uur as gevolg van verraad tussen Ermelo en Carolina gevang en na Ermelo aangejaag. Daar was 'n groot Engelse kamp.

Die volgende môre sien ek 'n klompie gevangenes naby 'n pragtige hond staan en gesels oor die prag van die dier: "Dis die mooiste hond wat ek nog gesien het!" "Sy lyk nes 'n jong leeu!" "Sy is tien pond werd!"

Ek stap ook nader en sê vir 'n vreemde oom: "Dis ons soort honde van voor die oorlog waarmee ons geboer het."

Hy was die baas van die hond en het my net minagtend aangekyk, sodat ek nie verder met hom wou praat nie. Omdat dit so 'n pragtige dier was, kon ek ook nie weggaan van die hond nie. Toe ek die soveelste maal na die hond kyk, gewaar ek dat een van haar neusklappe af is en dat daar 'n kol regop hare op haar rib is!

Ek roep uit: "Dis my hond daardie!" Maar ek is te bang om nader te gaan, want dit was meer as 'n jaar dat ek haar laas gesien het en miskien ken sy my nie meer nie.

Terwyl ek nog oor die vreemde sameloop van omstandighede nadink, val dit my by dat haar naam Perses was. Ek het omtrent tien voet van haar gestaan en roep uit: "Perses!" Sy het egter nie 'n poot verroer nie en my so ernstig aangekyk dat ek nie wis wat om te doen nie. Na 'n oomblik waag ek dit weer om haar naam te roep, en hierdie keer bevlieg sy my met 'n huil-kreun, slaan haar voorpote oor my skouers en kruip so tussen my bene deur dat ek net moet sukkel om op my voete te bly. Almal het dadelik gesê: "Dis die seun se hond!"

Van toe af het sy haar weldoener nie meer geken nie en altyd by my gebly. Sy het snags by my voete geslaap en toe ons met die Kakiewaens na Standerton vervoer is, het sy agter die wa aangeloop waarop ek was. In die ringmure van die tronk was sy by my. Twee dae later is ons op 'n oop staaltrok geplaas waarop die hond nie toegelaat is nie. Sy het bitterlik begin huil – en ek het trane gestort oor my hond.

'n Uur nadat ons uit Standerton weg is, kom ons op Kromdraaistasie aan, omtrent agt myl daarvandaan. Hier moes ons wag op treine vol troepe. Naderhand sien ek iets langs die spoor aangehardloop kom, en na 'n rukkie gewaar ek tot my verbasing my hond doodmoeg hier langs die trok. Met die hulp van 'n paar kêrels het ek haar voorpote gevat en in 'n kits was sy by ons in die trok.

Twee dae later het ons in Durban aangekom, waar ons moes skeepgaan na Indië. Nou het die tweede en laaste afskeid gekom. Perses het hard gehuil daar op die kaai en ek het met 'n betraande gesig aan boord gegaan omdat my hond in die vreemde stad moes agterbly.

Die Huisgenoot, 14 Julie 1939.

Taf die foksterriër

Kaptein D.A. Louw

Taf was die foksterriër van Myburg Roux van Klippoortjie, Witbank. Taf het die lief en leed van sy kommando meegemaak. Op 'n dag word die kommando'tjie op die Transvaalse Hoëveld gevang. Te voet, word hulle aangejaag na die naaste spoorwegstasie.

Vyf dae lank moes hulle voortstrompel voor 'n klompie Britse soldate. As 'n lid van die vyandelike wag miskien al te na aan Myburg kom, word 'n boosaardige knor gehoor, en as dit nie help nie, volg 'n vinnige hap daarop.

Eindelik is hulle by die stasie. Taf spring sonder aarseling in die treinwa by sy baas.

"Smyt daardie hond uit die trein," kom die bevel van die Britse offisier aan sy soldate. Een van hulle wil gehoorsaam, maar Taf baklei hom los. Hulle waag dit nie 'n tweede keer nie, en Taf bly op die trein.

Sonder toestemming van die Britse owerheid is Taf as krygsgevangene saam – eers na die kamp in Pretoria, daarna Ladysmith.

Op Ladysmith se stasie het die Engelse Taf weer probeer agterhou. 'n Verwoede worsteling het plaasgevind. Taf hap links en regs en blaf skerp en dreigend, en met elke kans wat hy kry, spring hy na sy baas. Eindelik baklei hy hom los en weer is hy saam met die trein, hierdie keer na Durban.

Na enkele dae daar moes die burgers skeepgaan en vir die derde keer kom die bevel: "Vang daardie hond!"

Weer moet Taf veg op lewe en dood. Weer word hy, tussen sy baas se bene, op die klein bootjie saam met die burgers na die groot skip vervoer.

By die skip word die manne met 'n groot mandjie op die skip oorgelaai. Sewe word tegelyk in die mandjie saamgehok en daarna word dit toegemaak en opgehys.

Weer probeer 'n soldaat Taf agterhou toe sy baas in die mandjie klim. Styf hou 'n soldaat Taf vas. Sy baas kyk na hom om nou afskeid te neem. Maar een knor, 'n hap, 'n sprong – en Taf is binne-in die mandjie!

Die mandjie word opgehys. Bo word dit op die dek neergelaat – so vinnig en onverskillig dat dit omtuimel. Die gewig van die sewe is so groot dat dit die deur laat oopspring. Taf spring uit, en binne-in die arms van 'n Britse soldaat. Taf gee 'n paar happe aan die soldaat se arms, hy skop en woel en tjank, en dit lyk of hy weer gaan wen. Maar daar trek Taf deur die lug! Die soldaat gooi hom oorboord. Myburg kyk besorg en sien hoe Taf in 'n bootjie te lande kom. 'n Paar soldate gryp hom en maak hom vas. Die offisier neem hom in sy arms. Taf tjank nog 'n rukkie en is dan stil. Bo op die dek gewaar hy sy oubaas. Myburg kyk vas in die hondjie se oë en 'n knop kom in sy keel. Onder in die boot hou die hondjie sy koppie skeef.

"Nou is dit my hond!" skreeu die offisier uit die boot.

"Ja. Pas hom tog mooi op! Hy is dit werd!"

Myburg kan die woorde skaars uitkry, kyk vir laas na Taf, draai om en stap weg op die dek.

Die Huisgenoot, 16 Junie 1939.

Dagon se trou

G.P. le Roux

Ek het in die oorlog vyf perde gehad. Een is doodgeskiet, twee is aan perdesiekte dood en een is gesteel. Die vyfde, 'n donkerbruine met 'n wit kolletjie, het my die laaste sestien maande van die oorlog getrou gedien. Ek het hom vir £20 van burger Jan van Kraaienburg van Lakensvlei naby Belfast gekoop. Ek was eers nogal ontevrede met die koop, want Dagon – dit was sy naam – het 'n gang geloop soos 'n afrikaneros, en sy kop het hy ook so van die een kant na die ander geswaai wanneer ek hom op 'n vinnige stap gery het. Maar nadat ek aan sy ongemaklike gang gewoond was en agtergekom het dat hy taamlik intelligent was, het ek meer tevrede gevoel.

Ek het Dagon opgepas so goed as wat in oorlogstyd moontlik was en hy het baie geheg geraak aan my. Hy wou niemand anders as sy baas toelaat om hom te vang as hy gespan of gekniehalter was nie, maar sodra ek self aangestap kom, het hy my dikwels tegemoetgeloop. Na 'n paar maande was dit toe my gewoonte om hom heeltemal los te laat loop gedurende die dag, want ek was oortuig dat dit nie moeilik sou wees om hom in die hande te kry as daar skielik gevaar kom nie. So 'n geleentheid het gou gekom.

Ek was lid van 'n verkennerskorps van sowat twintig man, genoem die "Rooi regering", waarvan Rooi Andries du Toit die voorman was. Ons staanplek was op daardie tydstip naby Elandskloof nie ver van Dullstroom af nie.

Die Engelse het van vier kante die streek oorstroom en aan ons klein kommando'tjies 'n benoude tyd besorg. Die enigste genade was om so te sê dag en nag te vlug om uit die 40 000 Engelse se hande te bly. Dit was die grootste dryfjag wat in daardie deel gemaak is.

Nadat ons kommando'tjie die vyand agt tot tien dae ontduik het, merk ons dat die kolonne wat agter ons aan was, wegswaai na die grootpad in die rigting van Dullstroom. Die swartes daar in die buurt en ook ene mev. Maree, wat deur die Engelse in 'n afgebrande huis agtergelaat is, het aan ons gesê dat hulle aan die terugtrek was na Belfast en ons omgewing sou verlaat. Ons was baie bly hieroor, want ons het naby ons ou staanplek 'n bietjie mieliemeel en biltong weggesteek gehad, en was nou haastig daarnatoe op pad. Ons was al 'n paar dae sonder kos en het geleef van die bietjie vrugte wat ons in die hande kon kry.

Hennie van Graan en Christiaan Joubert was die eerste by ons staanplek en toe my maat Flanaghan en ek daar aankom, het hul keteltjie al amper gekook. Hul perde het hulle opgesaal laat bly met die teuels op die grond. Ons het hulle nog gespot en gesê dat hulle so bang vir die Engelse is dat hulle die perde gereed hou asof hulle wou vlug. Van Graan het geantwoord: "Mens weet nooit."

Flanaghan en ek het ons blikkies ook na die vuurtjie gebring, met ons perde afgesaal. Hy het sy perd gekniehalter, maar ek het Dagon laat los loop.

So omtrent twee honderd tree of meer van ons staanplek af was 'n stuk brand [veld wat die vorige winter afgebrand is] waar die gras ongeveer ses duim hoog was, en ons twee perde het dadelik daarheen begin aanstap, want hulle het die kol jong gras goed geken.

Van Graan en Joubert het net die pas gebrande mieliemeel in die ketel gegooi om koffie te maak, toe daar skielik eers een, toe twee skote en daarna 'n sarsie op ons gelos word. Hennie en Christaan het dadelik op hul perde gespring, die spruit ingejaag en koers gekry na die oorkantste rant. Flanaghan en ek het ons saals en tooms gegryp en na ons perde gehardloop, wat reeds in die brand gewei het en in die rigting was waarvandaan die skote gekom het. Ons was nog jonk en taamlike hardlopers en het dus gou honderd tree of meer afgelê, maar die skietery was toe so geweldig dat ek wou omspring en die spruit inhardloop om daar te skuil, wát ook al gebeur. Maar Flanaghan het aangehou hardloop en ek besluit toe om dit ook maar te waag. My maat was so twintig, dertig tree voor my toe hy by sy perd kom, maar ek kon so in die gouigheid sien sy perd weier om hom te laat vang.

Dagon was nog so 'n veertig tree anderkant Flanaghan se perd in die Engelse se rigting. Toe Dagon my sien aanstorm, staan hy met sy kop in die lug en beweeg sy ore vooruit en agteruit asof hy my iets wou toeroep. Meteens kom hy op 'n vinnige drafstap na my toe, en toe ek by hom kom, gee hy 'n runnik en vryf sy kop teen my skouer.

Ek het die saal oor hom gegooi sonder om die buikgord aan te haal, die toom oor sy nek gestroop en op hom gespring. Nog voordat ek op hom kon roep, het hy op 'n stywe jaaggalop weggespring in die rigting van die spruit. Flanaghan het geprobeer om sy perd na die spruit se kant toe te jaag en toe ek by hom aangejaag kom, druk ek op Dagon se nek. Hy steek vas en ek help Flanaghan om sy perd te vang. Die skietery word nou hewiger en ons sien 'n klomp ruiters in ons rigting aanstorm om ons van die spruit weg te keer.

My perd se toom was nog los oor sy nek. Ek het voortgejaag die spruit in en met my hand rigting gegee aan Dagon. Ek het dit nog nooit tevore met hom probeer doen nie, en toe ek die spruit deur is, moes ek dadelik van rigting verander om onder die koeëls uit te kom. Ek het weer my hand uitgesteek, en tot my verbasing swenk hy weg in die rigting wat ek verlang.

Ons het 'n noue ontkoming gehad danksy die getrouheid en skranderheid van my perd.

Op 'n ander keer het ons korps by die Swartkops-steenkoolmyntjie by Dullstroom gekampeer. Saam met vyftig man van veldkornet Lukas Grobler het ons in 'n groot sinkhuis van die myn geslaap. Ons het om die beurt wag gehou, maar die manne het later onverskillig geraak en tot laat in die nag nog gesing en te kere gegaan. Dit was die nag die beurt van die "Rooi regering" om wag te staan, en ons het met die veldkornet gereël dat ons die burgers die volgende môre teen dagbreek die skrik op die lyf sou jaag.

Van Graan en ek het daardie nag by die myn agtergebly omdat hy ongesteld was, en ek het Dagon los laat loop. Sestien of agtien van die "Rooi regering" was op diens, en met die terugkom van die wagstaan het hulle in twee klompies verdeel. Die een klompie sou dan die ander "aanval" en oor en weer skiet. Dit was 'n stil, koue nag en toe hulle so twee myl van die steenkoolmyn af kom, begin hulle dan ook oor en weer te skiet, en die een klompie jaag myn toe om die burgers kastig te waarsku.

Dit was nog donker, en die oormekaarvallery om gewere te gryp en uitkomplekke te soek was 'n aardigheid. Dié wat eerste uit die gebou gekom het, het die eerste die beste perd gegryp en weggejaag; ander het die veld in gehardloop. Dagon het na my slaapplek aangeloop gekom, en hoe ander ook al geprobeer het om hom te vang, kon hulle dit nie regkry nie.

Toe ek buitekant die gebou kom, het Dagon na my toe aangehardloop gekom en aan die saal geruik. Met sy kop in die lug het hy aangehou met kyk in die rigting waarvandaan die skote kom, en toe die eerste klompie al skiet-skiet nader jaag, het hy om my gestap en met sy kop teen my gevrywe asof hy my wou aanja om op te saal. Toe die klompie nader kom en hy gewaar dis nie die vyand nie, het hy gerunnik en bedaard gaan staan en vreet.

Kort daarna was dit vrede, en ek het Dagon aan burger Van Kraaienburg terugverkoop.

Die Huisgenoot, 2 Junie 1939.

"Generaal Windvoël"

H. du Plessis

Ou Windvoël was 'n Mosambieker wat deur my oupa grootgemaak is. Na Oupa se dood het hy nou by die een, dan by die ander van Oupa se kinders gaan woon. Hy was 'n besonder knap skut en het van my oupa 'n geweer present gekry. Hiermee moes hy vir my ouma wild vir die pot skiet. Met hierdie geweer en sy eie perd het Windvoël op kommando gegaan toe die oorlog uitbreek.

Hy het gesê hy gaan sy land en die land van my oupa se kinders help verdedig. Niemand het hom gekeer nie. Hy het die hele oorlog deur geveg onder veldkornet Schoeman van Rustenburg. Hy was saam met ons in die slag van Elandskraal, onder genl. Smuts en kmdt. Beyers.

Hier het ons 'n groot buit gemaak. Ongelukkig was dit al te donker om ook die kanonne te neem. Ook by Derdepoort het ons kommando dapper weerstand gebied. By Vlakfontein het Windvoël 'n burger wie se perd steeks was, veilig uitgebring. Toe hy in die jaag omkyk, sien hy die burger nog sukkel met sy perd. Hy draai dadelik sy perd om en jaag terug onder 'n haelbui koeëls van die vyand in. Toe hy by die man kom, klim hy eers af en skiet die voorste Engelse terug. Daarop spring hy op sy perd, en onderwyl die aanrukkende vyand 'n geweldige geweervuur op hom los, steek hy die steeks perd onder die sambok. Weer en weer moes hy afspring en die Engelse eers terugskiet, maar ná baie gesukkel kom hy veilig by ons uit saam met die burger wat hy te hulp gesnel het. Die perd moes eenvoudig onder die sambok-houe voort.

As ons honger gehad het en daar was geen kos meer in die laer nie, was dit altyd Windvoël wat vir ons kos gebring het, al was dit dan ook net 'n skotteltjie suurpap wat hy by die een of ander swart stat gebedel of opgekommandeer het. Dit was dikwels ook hy wat ons moed ingepraat het as ons voor die vyand moes vlug.

As ons op patrollie uit was, het hy sommer vanself die leiding geneem. Ons het hom laat begaan, want sy oë was so goed soos dié van 'n valk. As niemand van ons nog iets van die vyand gemerk het nie, het hy hulle lankal gesien. En die plan wat hy dan aan die hand gedoen het, was meestal onverbeterlik. Daarom het ons hom "generaal Windvoël" genoem.

Hy kon die swart mense wat vir die vyand gewerk het, nie onder sy oë verdra nie, en as hy 'n swart man by die Engelse opgemerk het, was hy die eerste wat in die stof moes byt. "Hulle is landsverraaiers. Dit is ook hulle land, net soos ons s'n, en hulle lei die vyand op ons spoor. Ek sal hulle nie spaar nie," het hy gesê.

As blyk van waardering vir sy dapperheid het Windvoël omstreeks 1932 van die regering 'n geweer present gekry. Hy was baie trots daarop en het dit as 'n kleinood bewaar.

Generaal Windvoël was nie 'n agterryer nie; hy het aktief aan die oorlog deelgeneem en 'n groot rol in ons kommando's gespeel.

In 1942 was hy oud en afgeleef; hy het langs die Krokodilrivier gewoon, waar hy beeste opgepas het om 'n bestaan te maak.

Die Huisgenoot, 11 September 1942.

Stuurman, die getroue

J.A. van Niekerk

Die offervaardigheid en getrouheid van die agterryers van die Boere was werklik lofwaardig. Ek het die voorreg gehad om twee jaar lank so 'n goeie agterryer te hê. Hy was Stuurman, 'n knap ruiter, wat met sy fyn gehoor en aangebore gevoel vir rigting dikwels vir ons onmisbaar was, veral as gids in die nag.

Deur sy omgang met lojale swart mense het hy soms waardevolle inligting oor die bewegings van die vyand gekry, maar nooit het hy iets verklap waarvan hy bewus was in verband met ons eie kommando's nie. Weens sy goeie geaardheid en hulpvaardigheid was hy baie gewild in ons kommando, sowel onder die burgers as onder die ander agterryers.

Met die laaste Kersfees van die oorlog het die vroue van Villiers in die Vrystaat ons genooi om die dag saam met hulle op die dorp te vier. Ek het egter nie aan die versoek voldoen om ook die aand op die dorp oor te bly nie, en het ongeveer vier myl suid van die dorp tussen 'n rant en die Vaalrivier gaan kampeer. Die Vaalrivier was juis toe tot oorlopens toe vol. Die vyand was omtrent vyftien myl van Frankfort ook besig om Kersfees te vier. 'n Vrou het hulle daar in kennis gestel dat ons die nag op Villiers sou slaap. Die Britte sou die geleentheid nie laat verbygaan om 'n goeie vangs te doen nie en het die nag uitgetrek. Hul plan was om ons te omsingel, maar Stuurman se fyn gehoor en waaksaamheid het hulle gefnuik. Hy het ons eenuur die nag wakker gemaak. Toe ek opstaan, was my ryperd en pakperd klaar opgesaal en Stuurman reeds op syne. Ek kon net opklim en uitjaag. Daar was net 'n smal voetpaadjie waarlangs ons kon ontkom.

In die laaste ses maande van die oorlog, toe die kos uiters skaars was, het Stuurman saam met ander lojale swartes 'n plan beraam om vars vleis te bekom. In 'n kronkeling van die Vaalrivier, amper soos 'n S, waar die vyand nie maklik kon sien nie, het hy 'n klompie skape verskuil gehou. Nie alleen het my kommando uit die draai van die rivier vars vleis verkry nie, maar ook die vroue van Villiers het van Stuurman 'n rantsoen gekry.

By my terugkoms op Frankfort ná genl. De Wet se heldhaftige ekspedisie na die Kaapkolonie het ek, vergesel van Stuurman, 'n rit na Senekal onderneem om my familie op te soek. Tussen Reitz en Lindley is ons pad versper deur 'n groot konvooilinie en was ons verplig om om te draai. Die nag het ons aan die voet van Verkykerskop in 'n populierbos geslaap. Voor sonop die anderdagmôre het ek die kop opgeklim en die omgewing deur my verkyker bespied. Tot my verbasing gewaar ek 'n konvooi na die kop se kant aankom. Toe ek by ons staanplek kom, sien Stuurman vier ruiters van die kop na die populierbos aangery kom.

Volgens hul manier van ry het ek hulle vir Boere aangesien en aan Stuurman gesê om met my pakperd agterna te kom terwyl ek vooruitgaan om van die ruiters uit te vind waar hul kommando is. Ek was nouliks weg van ons bivak, of Stuurman, op my pakperd, jaag by my verby en roep uit: "Die Engelse is agter ons!" Dit was vir my meteens duidelik dat die vier ruiters voor ons verraaiers was, en uit vrees dat Stuurman in hul hande sou kom, het ek begin jaag en die koeëls van die agtervolgers ontsnap. Ek was net betyds om Stuurman te bevry deur die verraaiers weg te skiet. Op 'n jaaggalop het ons binne 'n uur kmdt. Mentz se laer bereik. Dié nag het ek en Stuurman tussen die vyand se vuurtjies deurgejaag en die volgende dag veilig op Frankfort aangekom.

Met die omsingeling van genl. De Wet en pres. Steyn op Kalkkrans in die distrik Harrismith, met talle konvooilinies tussen die bloklyne van Standerton na Bethlehem, het ons voor die sluiting van die kordon tussen Standerton en Frankfort deur die konvooilinie probeer breek. Maar toe ons die laaste Engelse wag bestorm, het die soeklig ons so sigbaar gemaak dat ons onder 'n koeëlbui moes retireer. In die verwarring van die donker nag het Stuurman en ek geskei geraak. Hy het weggekruip, maar eers sy saal in die sak weggesteek waarin my oorlogsjoernaal was. Die volgende dag is hy gevang. Omdat hy bekend was as my agterryer het die vyand hom goed opgepas, maar hy en 'n ander swart man wat saam met hom gevang is, het ontsnap en aan my gesê waar hy sy saal en die joernaal weggesteek het.

Na my ontkoming uit die vangkraal op Kalkkrans, waar agtien van ons man die lewe ingeskiet het met die inneem van die eerste linie van die Engelse forte, het ek die joernaal gaan haal.

Na die oorlog het Stuurman by my bly werk tot ek na Transvaal getrek het. Hy het in die distrik Frankfort agtergebly.

Die Huisgenoot, 19 Maart 1948.

Met Vossie by Rooiwal

W. Lock

Saam met my kommandomaat, oom Giel Maree, het ek in Wes-Transvaal onder kmdt. Tollie de Beer gedien. As oom Giel in 'n geveg moes gaan, was daar net een perd op wie hy gereken het, en dit was Vossie. Sy was getrou en goed, maar ongelukkig ongeleerd in die kar, en my perd was steeks.

Op 'n dag het genl. Kemp besluit om 'n sterk Engelse mag by Rooiwal aan te val. Ons kry bevel om te storm en jaag tussen die Engelse in. Voordat ons kon afspring, word oom Giel gewond – 'n lelike skoot: voor by die waai van die been in en agter op die kruis uit. Ek kon net twee seuns kry om oom Giel uit die gevegslinies te bring.

Net toe dit lyk of ons die oorwinning gaan behaal, kry die Engelse versterking en ons moet vlug. Ná 24 uur in die saal was ons en ons diere al baie uitgeput. Met die vlug kom ek op oom Giel se perd af en verneem van een van die burgers dat oom Giel 'n ent terug onder 'n doringboom lê. Ek is dadelik daarheen, maar by die doringboom was daar net twee karspore.

Ek het die spoor gevolg en gou kry ek oom Giel met nog twee gewondes by hom op 'n kar getrek deur twee stokflou muile. Ek vra wat sy plan is, en hy antwoord: "Vlug! Gevange gee ek my nooit, want nou het ek mos my vriend en my vosmerrie!"

Ons het nog 'n ent met die muile geprobeer. Ek het 'n ander man op oom Giel se perd gehad, en ons slaan al twee die muile, want nou was daar vir 'n dier geen genade nie.

Die burgers wou intussen nie meer terugskiet nie, en die Engelse kom al hoe nader. Kmdt. De Beer bied nou aan om ons sy perd te gee, maar dié is ook ongeleerd in die kar, sodat die kar nou nutteloos vir ons word. Die muile wil geen voet versit nie en die vyand is op ons. Die twee ander burgers word by 'n huis afgelaai.

"Wat nou, oom Giel?" vra ek.

"Kan jy my op die perd kry?"

Met baie gesukkel kry ons hom op, want hy is baie swak van die bloedverlies. Sit kan hy nie op die saal nie. Met die regterbeen moes hy in die stiebeuel staan en met sy bolyf vooroor op 'n pak komberse lê wat voor op die saal vas is. Nou begin 'n vlug soos 'n nagmerrie. Voor ons word mense geskiet, spring af en steek hulle hande op.

Na 'n tyd vra oom Giel: "Hoe lyk dit, Willem?"

"Ons is tussen die voorstes, oom."

"Gee haar 'n raps," is al wat hy sê.

Ná nog 'n uur te perd is ons Hartsrivier deur en redelik buite gevaar, maar nog nie veilig nie. Nou vlug ons reg wes, terwyl ons rigting eintlik suid is. Eindelik kom ons by 'n pan met water uit.

"Laat ons die perde ook water gee, Willem, want dit lyk of die ou dier my toestand verstaan."

Hierna in 'n suidoostelike rigting. Na omtrent nog 'n uur sien ek dat oom Giel baie swak word – ten minste, hy kry baie swaar om op die perd se rug te bly.

"Wat nou, oom?" vra ek.

"Jaag maar aan!" is al wat hy kan sê.

Die gewonde man was nou so gedaan dat as Vossie een misstappie moes maak, hy sou afval.

Nadat ons omtrent nog 'n uur aangesukkel het, sien ek hy kan nou nie meer nie. Dis al laat die middag en ons vlug al byna 'n hele dag. My moeder se huis, waar oom Giel se vrou ook is, is omtrent nog 'n uur te perd van waar ons nou is. Ek weet dat my moeder 'n kar het en besluit om dit vir hom te gaan haal.

Ek bring oom Giel in 'n voetpaadjie wat na die rivier toe loop en sê dat ek hom weer in die voetpaadjie sal ontmoet. Ek is toe vooruit, maar stadig, want my perd was ook gedaan. By die huis moes ek tot my teleurstelling verneem dat daar geen kar is nie. Alles is weg, die twee vroumense is alleen daar.

Nou moet ek maar terug om oom Giel huis toe te bring so goed ek kan. Hier is dit waar ou Vossie eintlik gepresteer het, want wat sou ons sien toe ons uit die huis kom? Hier kom ou Vossie aan op daardie stadig-gemaklike halwe galoppie van haar, met die half bewustelose man nog op haar rug.

Nadat oom Giel versorg is, is ek met Vossie verder om die kar omtrent ses myl van die huis af te gaan haal. Die twee vroue het my gehelp om oom Giel op die kar te kry en ons is vort na die laer. Toe ons daar kom, is die laer weg. Ons kon nêrens uitvind in watter rigting hulle gevlug het nie, want dit was donkermaan. Ons verneem wel dat die vyand in groot getalle aankom, sodat ons maar weer moes vlug.

Uiteindelik het ons oom Giel op my vrou se wa. Sy wond is behandel met bossies en goed wat die vroue kook, en hy voel gou baie beter.

Met die vrede was oom Giel so ver herstel dat hy sy wapen op Schweizer-Reneke gaan aflê het. Daar het ek ou Vossie weer gesien.

Die Huisgenoot, 8 September 1939.

DEEL II
VROUE EN KINDERS TROTSEER GEVARE

Sewejarige ooggetuie van veldslag

Mev. Catharine Roux (gebore Lubbe), opgeteken deur J.F. Jacobs

Mev. Catharine Wilhelmina Roux, eggenote van mnr. Piet Roux van Spitskop, Jacobsdal, en dogter van wyle mnr. Johannes Hendrik Lubbe van Jacobsdal, was as sewejarige ooggetuie van die elfdaagse stryd aan die Modderrivier. Die gesin het bestaan uit haar vader, wat op kommando was, haar moeder, twee susters van elf en veertien, 'n negejarige broertjie en sy. Hulle was by die laer van genl. Piet Cronjé, wat uiteindelik op 27 Februarie 1900 oorgegee het. Dit was 'n groot slag vir die republieke.

Nadat die gevegte op 18 Februarie 1900 begin het, was daar by die kinders byna geen vrees nie. Mev. Roux vertel:

My broertjie en ek het die tyd aangenaam verdryf deur allerhande speletjies. Onder andere was daar ook 'n skynoorlog. As die bombardement 'n bietjie bedaar, het ons na buite gesnel en die ronde loodkoeëltjies opgeraap en in die skuilplek daarmee gaan oorlog speel. Ek was gewoonlik die Boere en my broer die Engelse. Die tyd het ons glad nie verveel nie en die gedonder van kanonne, die gekraak van barstende bomme en kartetse het in ons kinderlike onkunde 'n alledaagse voorvalletjie geword. Ons kon eenvoudig geen gevaar sien nie.

Ons het darem ook pligte gehad. Die rivier was vol en die water gevolglik naby ons skuilplek. Dit was ons werk om water aan te dra vir die gewondes. Dit het baie dikwels gebeur dat van die burgers in ons teenwoordigheid gewond is of gesneuwel het. Die bloed het soms uit die verskansing van sandsakke in stroompies afgeloop en my moeder en ons was dikwels vol bloed.

Een geval kan ek my nog helder voor die gees terugroep. 'n Burger is in ons onmiddellike nabyheid deur 'n bom getref en grusaam verwond. Dit was 'n aaklige gesig. Die bloed het vinnig by die wond uitgestroom en dit was duidelik dat sy ure getel was. Hy het sy medeburgers gesmeek om sekere boodskappe aan sy vrou en kinders af te gee. Hy is kort daarna oorlede.

Op 'n sekere dag was my moeder vlak voor ons skuilplek besig om vetkoek in 'n pan te bak. Sy het langs die vuur gesit. 'n Bom het onverwags deur die lug gesuis en die pot met vetkoek en al weggevee. Die bom kon nie verder as 'n voet of twee van my moeder verby gewees het nie en sy is geweldig geskok. Net een poot van die pot het ons teruggevind. Kos het ons voldoende gehad, maar dit was 'n groot teleurstelling vir ons kinders om die genot van die heerlike vetkoek te moet ontbeer.

Die pret wat 'n ou mak bobbejaan, die eiendom van een van die burgers, ons verskaf het, sal ek nie lig vergeet nie. Die dier kon hom eenvoudig nie skuil- of stilhou wanneer die geveg op sy hewigste was nie. Van opgewondenheid of benoudheid het hy na die oop terrein gesnel, 'n sak oor sy kop getrek en hoog en droog in 'n doringboom gaan sit om die wêreld te bewonder. Dat die stomme dier nie getref is nie, was 'n wonderwerk. Wanneer die geveg verby was, het Kees weer 'n veiliger plek gesoek. Dit het ons ook baie vermaak verskaf om te sien watter fratse Kees kon uithaal as hy probeer om die burgers deur die bruisende rivier te volg. Langs die waterkant het hy gaan staan en pylregop in die lug gespring om telkens op dieselfde plek te lande te kom. Ná die oorgawe het Kees 'n "joiner" geword. Hy het met 'n Engelse offisier 'n vriendskapsband gesmee en by Kakiegeledere aangesluit.

Die laaste paar dae het ons gaan skuil by tant Hessie, die eggenote van genl. Cronjé. As kind het ek nie die erns van die stryd besef nie; maar wat my trane laat loop het, was voorvalle by die neerlê van wapens. Dit staan my nog goed voor dat die wit vlag wat op 27 Februarie op bevel van die Generaal gehys is, herhaaldelik deur burgers afgetrek is. Die laaste persoon wat die vlag afgeskeur het, was 'n jong seun, en toe het die Generaal gedreig dat die man wat dit weer sou waag, onmiddellik doodgeskiet sou word.

Dit was hartroerend om te sien met hoeveel smart die burgers van hul wapens afskeid geneem het. Die gewere is op 'n hoop gegooi. Honderde burgers het met knersende tande die slotte uit die gewere geruk en hulle in die rivier geslinger.

My veertienjarige suster het ons kosbare familiebybel gered deur dit op haar kop deur die rivier te dra.

Die Huisgenoot, 10 Februarie 1939.

Op 'n eiland in die Vaalrivier

Mev. Sannie Pretorius (gebore Smit), opgeteken deur B.S. Roberts

Die eerste deel van die oorlog het ons op Bothaskraal, sewe myl van Villiers, aan die Transvaalse kant op die walle van die Vaalrivier gewoon. Dit was my ma, my oudste suster met twee jong kinders, ek, toe pas getroud, en twee jonger sustertjies van nege en dertien jaar.

Toe die oes- en skeertyd aanbreek, het ons vroue vir die werk gesorg en dit het nogal goed gegaan. Geld was betreklik volop, want ons het 'n pond vir 'n sak mielies op Frankfort ontvang. Maar ons het ons klaargemaak vir swaarder tye. Toe die mans nog op die plaas was, het hulle in 'n gedeelte van 'n kamer twee bale wol, 'n hoeveelheid mielies en gansvere toegemessel.

Met die begin van die guerrillastryd het die vroue in die omgewing van Bothaskraal die allernodigste dinge op die waens en karre gepak, vasbeslote om saam te gaan met kmdt. Fanie Buys en sy kommando van Lydenburg. Ons kry toe die ontstellende berig dat die mans moes veg en vlug, en dat die vroue vir hul eie veiligheid moes sorg. Vir ons het dit beteken dat ons in die rivierwalle moes skuil omdat die bulte baie kaal is daarlangs.

Ons vroue het maar moedeloos gevoel, maar my ma het die voortou geneem en ons het besluit om in die ou opstal bymekaar te bly en op "die eiland" in die rivier te gaan skuil as die nood druk. Die eiland was ongeveer honderd en vyftig by dertig tree groot, en sowat ses honderd tree wes van die opstal, waar die stroom van die Vaalrivier verdeel. Die walle aan die Transvaalse kant was besonder hoog en regaf en die stroom besonder diep, terwyl die breedste stroom aan die Vrystaatse oewer van die eiland gevloei het.

Dadelik het ons van ons goed begin "bêre". Die mure van ou krale word afgepak, gekleurde sybokvelle word oopgevou en daarin word kussings, trouklere, 'n sak gedroogde perskes, stene seep en ander kosbaarhede toegevou en onder die klippe toegepak. Van ons vernaamste meubels en gereedskap het ons in die sand op die rivierwal begrawe.

Skaars was alles weer toe, of ons hoor die geweervuur van die vyand. My man, wat ons gehelp het, moes in aller yl 'n paar honderd tree suid deur die rivier vlug. Die Engelse neem toe die klere van die mans, die paar gewere en patrone wat ons gehad het en sê: "Die oorlog sal nog lank duur. Gaan haal julle mans en sê hulle moet maar oorgee."

Engelse kolonnes het nou kruis en dwars in ons omgewing rondgetrek, en my ma het dit gerade geag om woonplek te soek op die eiland. Die vrouelaer het teen dié tyd, Maart 1901, aangegroei tot sowat dertig en met alle erns is gereed gemaak om die ou woonhuis vir die eiland om te ruil. In digte, skoon seilsakke word die botter, vet, vleis, brood, koringmeel, ensovoorts, gepak, want op die eiland moes hierdie kosbare ware onder die sand begrawe word. Stukkie vir stukkie is die goed na die eiland aangedra en sorgvuldig begrawe, ook die beddegoed. Twee sakke koringmeel is onder 'n oorhangende wal aan die Transvaalse kant weggesteek.

'n Nagmaalstent is op die eiland opgeslaan, maar daarin kon net 'n paar mense skuiling vind. Die eerste aand onder die blote hemel – sal ek dit ooit vergeet! Daar kom die vroue en kinders bymekaar vir die aandgodsdiens in 'n holte wat baie maande lank ons slaapplek sou wees. Ma het die diens gehou, 'n paar vroue het gebede gedoen, en ons het saamgesing; maar ons het hartseer gevoel en die kleintjies, wat die sombere atmosfeer nie verstaan het nie, het droewig gehuil. Die eiland sou voortaan ons tuiste wees, want as ons dit sou waag om huis toe te gaan, kon die vyand ons te eniger tyd onverhoeds betrap en wegvoer kamp toe.

Eindelik het dit stil geword. Die kinders het aan die slaap geraak, maar die moeders het onrustig om en om gedraai in die sand. Toe die dag breek, weerklink dit aan alle kante van oggendliedere, maar veral die lied: "Zullen wij eens altezamen hier vergader."

Dis maar stil op die eiland as die gewone daglakies afgehandel is. 'n Paar vroue neem miskien 'n skottel met deeg en gaan bak brood in die bakoond by die huis, ander doen naaldwerk en die jong meisies sit in die skadu van die wilgerbome en sing:

"Mijn schoonste is hier niet
En ik lijd zwaar verdriet."

Af en toe word ons deur klompies Engelse besoek, maar hulle laat ons met rus. Maar as die gewapende kleurlinge verskyn, moet ons sorg dat alles sorgvuldig onder die sand toegekrap is.

Eendag daag 'n patrollie Engelse onverwags op en gewaar die tien-jarige Hendrik Grobler wat in die wal wegkruip. Die Kakies wil hom net daar bydam, maar twee vroue pak hom en sê: "Kan julle nie sien dat dit maar 'n seun is en geen man nie?" Die Kakies probeer met alle geweld om die seun teen die wal uit te trek boontoe, maar die vroue het 'n arm en 'n been beet en trek so al wat hulle kan, en naderhand beland hulle, die seun en die Kakies in die water. Dit was vir die Engelse genoeg en hulle laat Hendrik met rus. Hierdie gestoei het tot groot ontsteltenis van die laer plaasgevind digby die oorhan-gende wal waar die twee sakke kosbare koringmeel weggesteek was, maar die Tommies het niks daarvan gewaar nie.

Dit was naderhand al Juniemaand en die nagte op die eiland bitter-bitter koud. Ek sien nog hoe die mooi swart krulle van een van die dogters soggens toutjies geryp was en hoe die kindertjies verkluim om die vuurtjies kom staan. Hoe koud was die sand nie! In die oggend was die een gedeelte van my liggaam gewoonlik lam van die koue en eers teen die middag kon ek behoorlik beweeg. Jare ná die oorlog moes ek gereeld elke winter deur dr. A.G. Visser behandel word vir hierdie gedeeltelike verlamming.

Kort-kort het die Engelse ons probeer wegvoer kamp toe. Maar as hulle van die Transvaalse kant nader kom, vlug ons deur Vrystaat toe. Dan is daar nie 'n drif naby genoeg nie en moet hulle met leë hande omdraai. Dieselfde gebeur as hulle van die Vrystaatse kant af nader kom, want die naaste driwwe was ses myl hoër op en vier myl laer af met die rivier. Daarby het die burgers ons gereeld op die hoogte ge-hou van die bewegings van die vyand en ons het weer die nuus- en inligtingsbron vir ons eie mense gevorm. Nooit was daar 'n siekte onder ons nie, selfs die kleinste outjies het goed gehou. Vir gewonde burgers kon ons slegs suiker as medisyne gebruik, met uitstekende resultate.

Eendag het die Engelse ons amper gehad. Hulle het baie moeg ge-word vir ons teenwoordigheid op die eiland, veral omdat ons gedurig in verbinding met die Boeremagte was en aan talle gewonde of ge-hawende burgers uitkoms geskenk het. Vasbeslote om van ons ontslae te raak, stuur hulle toe sowat honderd en vyftig man van die Transvaalse kant af om ons te vang en kamp toe te bring. Maar ons het hulle met hul waens betyds gewaar, krygsraad gehou en besluit om deur die rivier na die Vrystaatse oewer te vlug en daar in 'n populierbos te gaan skuil.

Toe dit mooi donker is, begin die uittog uit ons skuilplek. Elkeen dra 'n paar van die onmisbaarste dinge. Ek wou teen wil en dank my verebed behou en bind dit in 'n bondel vas om dit op my kop te kan dra. Die yskoue water, omtrent drie voet diep, byt aan ons bene, en toe ons oorkant teen die wal uitklouter, is ons rokke papnat en dit voel of ons bene kan afval van die koue. Maar niemand uiter 'n klag of geluid nie, want almal is vasbeslote om uit die hande van die Kakies te bly. Ons koers nou in 'n rigting waarin ons die dag 'n huis in vlamme sien opgaan het. Dit gaan oor klipperige veld, en al stamp 'n vrou of kind ook 'n toon teen 'n ongenadige klip, niemand sê eers "ê!" nie. 'n Koue westewindjie sny deur ons gehawende klere en ons was amper verkluim, want weldra het die rokke styf gestaan van die ys.

Ongehinderd bereik ons die nog warm puin en vind daar half verbrande pampoene wat nog warm is. "A," sê Ma, "nou kan ons ten minste die kinders verwarm", en die pampoene word styf teen die liggaampies en voetjies vasgedruk. Maar gou het skelm vingertjies begin krap aan die pampoen en deeltjies gevind wat lekker gesmaak het. 'n Vuurtjie word aangesteek, maar baie klein uit vrees dat kleurlingspioene dit kon opmerk. Die kinders sit in die eerste kring, en ons grootmense neem agter hulle plekke in, maar met die veryste rokke aan ons was daar nie sprake van warm word nie. Nou en dan het ons onrustig ingesluimer, en toe die môrester uitkom, beveel Ma ons om na 'n groot populierbos te gaan nie ver daarvandaan nie in 'n klofie. Die ryp lê dik oor die veld en die gras kraak onder ons voete.

Toe dit lig word, is ons veilig in die populierbos in die klofie, maar nie te lank nie of bomme fluit oor ons koppe, want suid van ons het die Boere stelling ingeneem in die rantjies, en van die Transvaalse kant trek die Engelse op hulle los. Doodbenoud skuil ons agter klippe en in die lang gras, en hoewel party bomme bokant ons bars, word niemand getref nie.

Dit word gou vir ons duidelik dat ons nie lank daar kan vertoef nie en dat ons net moet wag tot donker om terug te keer eiland toe. Die Engelse is seker al weg met hulle waens. Voetjie vir voetjie begin die terugtog. Maar die mans moes tog weet dat ons veilig en vry was, en daarop word op agtereenvolgende plekke artikels soos 'n pan, 'n bord, 'n lap, ensovoorts, in die voetpad gelaat en dan word op 'n klip 'n paar woorde uitgekrap soos: "Nog alles wel". Twee vroue wat dit te ver gewaag het van die ander af, is deur die Engelse gevang, maar die res het vinnig eiland toe gegaan. Toe die voorste vroue die rivier bereik, is die Engelse orals rond, maar met die kinders op die arms stap die vroue teen sononder halflyf die rivier deur en bereik die eiland.

Ek het agter geloop, ek kon nie so vinnig vorder met die verebed nie, en toe ek die water bereik, keer 'n kordon perderuiters my voor. Ek probeer verbykom, maar verniet. Die klomp Engelse klim van hul perde af, trek die perde dwars voor hulle en lê oor die saals vir my en lag. Ek voel of ek in die aarde kan wegsink van verleentheid, en nie te lank nie of die trane rol van skone hulpeloosheid. Dit spoor die soldate aan om vir my te sing – net om dinge te vererger. Gelukkig gewaar my ouer suster, wat al deur was, my verleentheid, en sy kom weer deur die water, druk 'n paar perde eenkant toe en help my met my verebed om ook veilig deur te kom.

'n Rukkie later het ons 'n mooi petalje gehad met 'n klompie bokke, omtrent sewentig in getal, wat op die suidelike oewer van die rivier gewei het. Die bokke het aan 'n sekere Rood behoort en was al wat oor was nadat die Engelse onder hulle was. Dit spreek vanself dat ons besonder graag die paar slagvee wou behou, en toe die Engelse op 'n goeie dag 'n klompie Tommies stuur om die bokke na die noordelike oewer te jaag, het hulle nie met die eiland se vroue rekening gehou nie.

Gou het Ma hulle plan agtergekom en almal laat nader staan om die bokke te probeer behou. Die suidelike stroom was betreklik breed en diep en die bokke moes dus feitlik deurswem. Skaars het dit die Tommies geluk om 'n paar bokke in die water te kry, of ons keer die diere voor, en omdat hulle maats ook nog op die Vrystaatse bodem was, was die bokke maar alte gewillig om ons te gehoorsaam. Maar wat 'n gedoente was dit nie! Die Engelse keer, waai met die arms en maak lawaai en druk die diere die water in. En voor staan 'n klomp vasberade vroue en kinders wat veg om hul enigste slagdiere te behou. Die vroue, Engelse en bokke was naderhand ewe nat, maar die vroue het darem die slagveld behou.

Hierna het die Engelse ons nie te veel lastig geval nie en van die Boere het ons verneem dat die vyandelike magte nie in die nabyheid was nie. Ons is toe terug na die opstal en het net weer eiland toe gevlug as ons verneem dat die Engelse nader kom, want ons was vir elke gebeurlikheid oorgehaal. Teen die end van September 1901 het ons die eiland vir goed verlaat en in die huis gaan woon, waar my eerste kind 'n paar dae daarna gebore is.

My kindjie was net vyf dae oud toe daar op 'n dag 'n Kakiekommando bestaande uit hendsoppers, kleurlinge en 'n paar Engelse opdaag en sê dat hulle ons vyf minute kans gee om die huis te ontruim. Skaars was ons uit, of hulle steek die huis aan die brand en rig die gruwelikste wreedhede aan deur al wat gans, hoender of makou is, so lewendig in die brandende puin te gooi. Die aaklige geskreeu en geluide van die arme diere klink nog in my ore. Die paar koeie wat daar nog was, word aangejaag, maar ek en my suster keer ons ou mak melkkoei in 'n hoek van die kraal vas en laat die vyand nie toe om haar weg te vat nie. Die end van die saak was dat die koei voor ons doodgeskiet is.

Het hulle net vervoermiddels gehad, dan het die konsentrasiekampe nog 'n paar inwoners ontvang. Maar die plunderaars verdwyn oor die bult en ons staan by die brandende huis, terwyl swaar wolke saampak.

Weldra sak 'n hewige reënbui op ons uit en ons is verplig om in die platdakgedeelte van die huis skuiling te soek. Ons het nou water gehad om die vlamme te beveg en dit geluk ons om die agterste paar vertrekke te behou. Maar dit is so warm dat ons dit byna nie kan uithou nie, en om dinge te vererger, is daar die benouende reuk van die verbrande pluimvee en varke wat ons keer op keer verplig om maar in die reën te gaan staan.

Die volgende oggend daag my man en ander burgers op en ondersoek die puin om te sien wat van die toegemesselde wol en mielies geword het. Tot ons verbasing kry hulle op die warm muurplaat 'n groot hoeveelheid dinamiet en 'n paar dosyn doppies. 'n Enkele vlamtong, en ons kon almal verpletter gewees het.

Ons het toe van die gebrande sinkplate teen die mure geplaas en betreklik veilig gewoon, hoewel ons kos baie skaars was en die vleis van die enkele verdwaalde skapies uiters treurig. Toe die Engelse kolonne weer nader skuif en met hul sogenaamde "krale" en "drives" begin, het ons dit die veiligste geag om na die Vrystaat deur te vlug, aangesien die rivier se water te vlak was om genoeg beskerming te bied. Heen en weer het ons oor die bulte gevlug, totdat ons verneem het dat al die deurgestane ontberings ter wille van ons onafhanklikheid tevergeefs was.

Tydens die wapenstilstand het ds. J.M. Louw van Boksburg 'n diens onder die wilgerbome op Bothaskraal gehou en daar is my seuntjie, fris en gesond, en nog 'n kindjie gedoop.

Maar ons klere! Ons het rokke en ander klere gemaak van die tent wat ons gehad het, maar die rokke waarin ons ons kinders ten doop gebring het! Die rok wat ek aangehad het, is in die swart dorp in Meyerton gebuit, net skoon gewas en gestryk, terwyl die ander vrou 'n rok aangehad het wat gemaak was van 'n swart kakiejas, hier en daar slegs met wit gare toegeryg... Daar was nie kans om kieskeurig te wees nie.

Gesond kon ons almal weer met die groot opbouwerk begin, dankbaar dat ons klompie "eilandbewoners" so wonderlik gespaar is.

Die Huisgenoot, 26 November 1937.

Tussen die vyand en die vol rivier

Mev. Lettie Muller

My moeder, bekend as tant Martha Dreyer, het alleen met 'n groot huisgesin op ons ou plaas Leeupoort in die huidige distrik Fochville agterbly toe my vader op kommando was. Hy is gevang en as krygsgevangene na St. Helena weggestuur.

Mettertyd het die vyandige leërs oor ons plaas getrek en alles langs die pad verwoes: graanskure is aan die brand gesteek, pluimvee en ander diere op die werf doodgesteek en huise deurgesnuffel om te sien of daar nie burgers wegkruip nie. Nadat die tweede leër, bestaande uit tienduisend soldate, by ons huis verbygetrek het, het verskeie families, ook my moeder, besluit om die plase te verlaat. Ons het saamgekom met ander buurmense wat ook wou vlug, en het besluit dat ons sou trek onder leiding van oom Jaap van der Merwe, 'n dapper ou grysaard wat te oud was vir die slagveld, maar 'n steunpilaar was vir die vroue en kinders wat alleen op die plase was.

Die vertrek van Leeupoort het 'n groot indruk op ons kindergemoedere gemaak. Dae vantevore was ons oudste kinders reeds vir moeder behulpsaam met beskuit bak, vleis bewerk en die inpak van alles wat maklik vervoer kan word.

Ons sou die eerste paar dae of weke in die omtrek van die plaas probeer bly, maar selfs dié gedagte het ons nie getroos as ons daaraan dink dat ons swerwerslewe nou begin nie.

Die oggend van die vertrek het die môrester nog hoog aan die hemel geskitter toe ek Moeder in die huis hoor rondstap. Ná 'n vroeë oggendmaal wat haastig genuttig is, het Moeder met trane in die oë 'n roerende gebed gedoen. Toe die laaste note van die oggendpsalm wegsterf, het Moeder die voordeur agter ons gesluit. Sy laat die sleutel versigtig in haar roksak ingly, en om haar droefheid te verberg, beveel sy kortaf: "Trek!"

Ons het die res van ons vluggeselskap op die volgende plaas gekry. Dae lank het ons sonder voorval rondgetrek. Saans word spioene uitgestuur, en as dit veilig is, slaap ons in die buurt.

Een aand, terwyl ons in 'n lap doringbome by Driefontein kampeer, kom ons spioene met die nuus dat hulle Engelse in die omtrek gewaar het. Daar was die aand gelukkig 'n paar burgers by ons, onder wie ook 'n broer van Moeder. Hy het aan die hand gegee dat ons in 'n sekere rigting moes vlug wat hy as veilig beskou het. Ons leier, oom Jaap, wou egter in 'n ander rigting gaan. Moeder het nou in 'n heftige tweestryd verkeer. Om dit moeiliker te maak, dring albei die partye by Moeder daarop aan om saam met hulle te gaan, want weens haar moed en vaardigheid om gewondes te verpleeg, was sy baie gewild. Eindelik besluit sy om maar haar broer se raad te volg.

Terwyl die bespreking aan die gang was, is die waens ingespan, en ons trek toe saam met 'n stuk of tien waens in 'n ander rigting as wat ons leier en die ander families gaan.

Ons moes so vinnig aanjaag as wat die osse ons kon trek. Al langs die rantjie waaragter die vyand volgens berig was, het ons gery. Die mans het ons gehelp so ver as hulle kon, en het toe skuins teen die rant aan ons regterkant gaan ry om 'n beter oog oor alles te hou. Aldeur wink hulle maar met die hoede: "Kom! Kom! Hou moed!"

En toe skielik kraak dit soos die koeëls by ons verbysuis. Te verskrik om enigiets anders te doen, jaag ons steeds vinniger. Daar regs voor teen die rantjie is die mans nog onbewus van die gevaar en spoor ons steeds aan.

Ons het agter in die watent op 'n bondel gesit terwyl die skote knal en die koeëls verbysing. Hoewel ons versigtig rondloer (ons wa was tweede), is daar geen vyande in die nabyheid te sien nie. Toe begin ons ou bediende voor in die wa te kreun – 'n koeël het haar deur die heup getref. 'n Sinkbad net agter haar is fyn geskiet. Moeder bid saggies en praat ons moed in. Toe 'n os van die wa agter ons in die juk doodgeskiet word, gooi sy dadelik 'n mes af en sê dat die drywer die strop moet afsny en die os laat lê. Dit word gedoen en dan stampdreun die wa maar vinnig vorentoe. Die familie Wencke, wat net agter ons aankom, is baie ongelukkig: die touleier kry eers 'n koeël deur die been en mevrou Wencke word deur die maag geskiet.

Op hierdie tydstip spring twee Kakies uit 'n sloot net 'n entjie van ons pad af. Hulle het ons op die plek "gehendsop", maar teen dié tyd het die Boereperderuiters die gevaar gemerk en ons te hulp gesnel. Hulle was genoodsaak om die Tommies op die plek dood te skiet.

Die ander Engelse kon nou weens hierdie twee se dood nie berig kry oor waar ons is nie en ons was weer veiliger. Uitgeput het ons 'n entjie verder uitgespan. Hier moes ons ook die gewondes verpleeg, maar het geen medisyne of noodhulpmiddels meer gehad nie. Moeder moes weer as verpleegster optree en het tabak op die wonde gesit.

Op 'n plaas 'n entjie verder het ons die ernstig gewonde mev. Wencke afgelaai, waar sy later oorlede is aan die koeëlwond. Hier het ons ook weer aangesluit by die oorblywende deel van die groep waens wat die aand in 'n ander rigting gevlug het. Ongeveer die helfte van dié groep is die aand gevange geneem.

Nou kon ons weer verder gaan onder leiding van ons kommandant, oom Jaap. Ons het oral in Transvaal rondgeswerf en bevind ons na 'n paar maande langs die Vaalrivier in die buurt van Lindequesdrif.

Een middag het ons op 'n geskikte kampeerplek afgekom en besluit om die nag daar deur te bring. Omdat ons 'n lang tyd niks van die vyand gewaar het nie, was ons die aand besonder plesierig. Terwyl die spioene te perd weg is, pak ons groot vure aan en dis nie lank nie of die kospotte en ketels staan en kook.

Ons jong nooientjies het jolig gebaljaar in die groen kweek op die oewers van die rivier, wat toe buitengewoon vol was. Die water het steeds gestyg, maar daaraan steur ons ons min en speel lekker met die buigsame wilgertakkies waarvan ons kranse vleg. Ons was nog besig om dit om ons koppe en skouers te rangskik, toe oom Jaap ons nader roep vir huisgodsdiens.

Ek sien die oom nog voor by die wa se disselboom sit met sy groot Hollandse Bybel en gesangeboek. Op 'n graskolletjie langs die wa versamel ons kinders eerbiedig en stil. Die moeders kyk vir laas of alles nog pluis is met die kos wat daar op die vure kook, en kom dan nader – stadig, met kappies op die koppe en die hande voor in die voorskoot gewikkel. Toe algar bymekaar is, begin oom Jaap met 'n kragtige stem voorlees uit die Psalms.

Skielik hou oom Jaap op met lees. Ons hoor perdepote klap. Die grootmense spring op en staan gespanne en afwagtend. As dit ons spioen is wat so vinnig terugjaag, moet daar gevaar wees. Die ruiter bring sy perd net buite die kring waens tot stilstand. "Daar is Kakies in die buurt, oom," sê die spioen aan oom Jaap. "As hulle ons gewaar, kan hulle ons in 'n kort tydjie omring, want hulle is in drie verskillende afdelings gegroepeer."

Van alle kante kan ons omsingel word, en voor ons lê die Vaalrivier kant en wal!

Oom Jaap het die saak bespreek met 'n paar van die vrouens. Ons kon nie bly waar ons was nie, want dan sou die Engelse sekerlik op ons afkom. Terugvlug Transvaal in kon ons ook nie, want ons sou dan tussen die vyand moes deurgaan. Die uitspraak van die kommandant was: "Ons moet maar deur die rivier."

Al die waens word ingespan en ons trek weg om 'n deurgang te soek. Die wal was orals baie steil en die water diep. Eindelik kry ons 'n plek wat minder gevaarlik as die ander lyk. Oom Jaap laat een van sy waens die eerste deurry. Met ingehoue asem kyk ons hoe die osse huiwerig die rivier instap; die tentwa volg krakend, stadig. Die water word dieper, sodat dit byna oor die osse heen spoel. Die wa is groot en swaar, sodat dit lyk asof die water dit nie kan beweeg nie.

Omdat dit veilig lyk, waag 'n ligter waentjie dit ook nou in die rivier in. Dit gaan goed tot in die middel van die stroom. Dan spoel die water dwarsoor die osse en tot aan die wa se buikplank. Die vroue en kinders gil angstig uit die tent, maar hoër bruis die vaalbruin modderwater en stroom teen hulle aan. Daar heers 'n paar oomblikke verwarring terwyl almal van die wal af raad skree. Te midde van dit alles behou die dapper moeder haar teenwoordigheid van gees en laat sy algar aan die latte van die tentklap vashou om hulle so uit die water te hou. Die osse spartel moedig om hul koppe bo die water te hou, en vir 'n sekonde lyk dit of die wa gaan deurkom. Maar dan: "Here, help!" gil die moeder. Die voorosse het onklaar geraak en daar dryf die hele span in 'n warboel af. Die wa volg vinnig en lyk of dit elke oomblik wil omkantel.

Daar was gelukkig 'n paar mans wat toevallig by ons waens uitgekom het. Toe hulle die gevaar merk, swem hulle dadelik in en sny die osse los, sodat die wa tot stilstand kon kom. Dan word die vroue en kinders, wat nog altyd krampagtig aan die wa se kap vasklou, gered.

Die waens is gou-gou weer bymekaar gebring en nog voor ons van die skrik kon herstel, beveel oom Jaap dat ons rivier af moes ry om op 'n ander manier te probeer ontvlug, aangesien dit onmoontlik is om deur die water te kom. Maar nou moes ons baie na aan die vyand verbytrek en daar was byna geen kans vir ons om vry te kom nie.

Teen hierdie tyd was dit al laat en word dit steeds donkerder. Omdat dit 'n groot waagstuk was om so na aan die Kakies verby te ry, moes ons baie versigtig voortgaan. In die stille duisternis, met net die Vaalrivier se dreuning langs ons, trek ons voort sonder om 'n sweep te klap. So ver as wat ons langs die rivier af gaan, staan daar groen wilgers waarvan die takke oor ons pad hang. Ons opgeskote dogters moes twee-twee toulei, en sonder om die erns van die situasie behoorlik te besef, loop ons maar aldeur en takkies pluk en grappe maak.

Slegs met die hulp van die Hoërhand het ons die nag veilig verbygetrek, hoewel dit feitlik teenaan die vyandige leërs was. 'n Entjie laer af het dit geblyk dat ons darem deur die rivier kon kom. Ons het toe deurgevlug in die Vrystaat in, waar ons lank rondgeswerf het.

Daarna is ons terug na Transvaal. Omtrent so drie maande voor die vrede het dit veiliger geword, en waar ons 'n enkele huis aantref wat nie verwoes is nie, het ons 'n paar dae oorgebly. So het ons die laaste paar maande voor die vrede deurgebring op die plaas Leeufontein, waar daar ook 'n hospitaal vir gewondes was. Moeder en ander Boerevroue het die vermoeienis van die drie jaar lange swerwe vergeet en daagliks gaan help om gewonde burgers te verpleeg.

Met die vrede is ons na die konsentrasiekamp van Potchefstroom, waar ons sou bly totdat die mans terug sou wees. Ons kon met dankbaarheid sien dat ons nieteenstaande sware ontberings darem gesond kon bly in die ope lug; met die diepste medelye het ons gekyk na die maer, bleek gesigte van vroue en kinders wat die hele tyd in die kampe moes deurmaak onder Engelse sorg.

Die Huisgenoot, 19 November 1937.

Ontvlug uit die konsentrasiekamp

Mev. P.J. Jacobs, dogter van mev. Annie Kies

Tant Annie Kies, opgesluit in die konsentrasiekamp op Klerksdorp, is bly dat dit Maandagmôre is! Vir die soveelste keer neem sy haar bondel wasgoed op om dit in die spruit te gaan uitspoel en tegelykertyd goed af te loer waar sy deur die spruit sal moet gaan. Skoonspruit is op party plekke baie diep, en mens kan dit nie waag om sommer oral deur te gaan nie. Noudat Fransie, tant Annie se jongste seuntjie, dood is en sy 'n paar weke gelede van haar swaer tyding ontvang het dat haar man ook dood is, het sy vas besluit om weg te loop uit die kamp.

Ellie du Toit en Catherina van Rensburg, met wie sy al so verlangs oor die saak gepraat het, het daardie aand kom hoor wat sy besluit het. Nadat hulle hieroor en daaroor gesels het, vra Ellie: "En wat gaan tant Annie nou doen?"

"Aanstaande Maandagaand gaan ek uit die kamp wegloop," antwoord tant Annie beslis.

"As tant Annie loop, loop ek ook!" laat Ellie en Catherina byna gelyk daarop volg.

Dis Maandagaand, 23 Februarie 1901. Tant Annie het haar drie oudste dogters, Maria, Kittie en Annie, vooruitgestuur na Ellie du Toit se tent, terwyl sy en Sannie, die jongste dogtertjie, nog 'n rukkie versuim om nie agterdog te wek nie. Eindelik tel sy haar bondeltjie op, blaas die kers dood en wil net die tentdeur oopmaak, toe Sannie aan haar trek en saggies sê: "Mammie, kyk daar sit X, die hendsopper, vir ons en loer!" Klein Sannie weet goed wat vanaand aan die gang is! "Wag," dink tant Annie, "ek sal jou kry!" Sy neem Sannie aan die hand, loop so 'n draaitjie en kom terug na die tent, waar sy rustig gaan sit en sing. Ná 'n rukkie kom X, wat klaarblyklik in die donker agter tant Annie aangesluip het, na sy tent terug. Sy hoor hom iets sê soos: "A, hier sit die vrou dan en sing wat wou weggeloop het!" Tant Annie maak nou die kers weer dood en bly lank doodstil in die donker tent sit.

Toe sy dink dis veilig, neem sy Sannie weer aan die hand en kruip deur die half toegemaakte tentdeur na buite. Maar hulle het net 'n paar tree geloop toe fluister Sannie weer: "Mammie, daar sit die hendsopper nog altyd vir ons en loer!"

Wat nou aangevang? Tant Annie besluit gou en loop reguit na haar suster, Hannie Rossouw, se tent. Gelukkig brand haar kers nog. "Hannie," sê sy hardop, terwyl sy die bondeltjie aan haar suster oorhandig. "hier is die naaldwerk. Ek het nie vandag geleentheid gehad om dit vir jou te bring nie, maar nou kan jy môre daaraan begin werk."

"Wat is aan die gang, sus Annie?" fluister Hannie.

"Ek wil vanaand wegloop en X sit my en dophou."

Op daardie oomblik kom Catherina van Rensburg ook by die tentdeur aan. "Tant Annie," sê sy, "Ellie laat vra of jy bang geword het?"

"Nee, ek het nie bang geword nie, maar die hendsopper sit my al die hele aand en dophou."

"Ag, tant Annie," sê Catherina, "gee my maar die bondeltjie en kom ons loop. Hy sal nooit eens agterkom dat ek dit dra nie."

Hulle stap voort, maar toe hulle in Ellie du Toit se tent aankom, hoor hulle 'n fluitjie skel blaas, en sewe hendsoppers kom aangehardloop. Tant Annie druk die kinders gou op die bed neer en maak die kers dood. Almal hou asem op toe hulle die mans om die tent hoor loop, en tant Annie en Ellie maak fluisterend 'n plan. Ellie sal voorgee dat hulle brood in die oond het – hoewel daar rye bakoonde rondom die kamp was, kon nie al die vroue bedags 'n beurt kry om te bak nie, sodat sommige verplig was om dit saans te doen.

Ellie en haar oudste dogter loop dus na die bakoond en gewaar twee persone wat daaragter skuil. "My kind," sê Ellie, "ons brood is seker nog nie uitgebak nie – ons kan dit gerus nog 'n rukkie laat bly."

Die drie vroue se moed het hulle byna begeef toe Ellie met die tyding van die onverwagte teenslag terugkom. Sê nou die spioene bly agter die bakoond lê tot môreoggend? Net toe slaan die kerkklok elf harde slae, en byna gelykertyd begin 'n orkes bo in die dorp speel.

"Dank die Vader!" roep tant Annie uit, "nou is dit ons kans!" Sy het geweet dat die hendsoppers almal na die dorp sou vertrek sodra die orkes begin speel. Versigtigheidshalwe het Ellie en haar dogter weer 'n slag by die bakoond gaan kyk, maar daar was niemand.

Versigtig verlaat die drie vroue en hul kinders nou die tent en begin aanstap. Die lug is bewolk en 'n fyn motreëntjie begin val. Dit is so donker dat hulle byna nie die hand voor hul oë kan sien nie. Rondom die kamp is 'n heining van agt doringdrade gespan waaraan leë melkblikkies hang. As een van die drade net aangeraak word, klink die blikkies tot by die fort. Net toe die vlugtelinge die draad bereik, word die soeklig van die kamp op hulle gewerp. "Val plat," fluister tant Annie. In hul opgewondenheid val party kinders teen die draad – en die blikkies stuur die boodskap dat daar onraad by die heining is! Gelukkig word die soeklig 'n oomblik later in 'n ander rigting gegooi, en dadelik staan die vlugtelinge weer op. Sommige moet nou die onderste drade probeer aftrap en die boonstes oplig sodat die ander kan deurkruip.

Eindelik is hulle almal deur, maar net toe hulle die spruit se wal bereik, is die soeklig weer op hulle. Almal val weer plat, maar een van Ellie se dogters kom met 'n harde geskree binne-in die water te lande. Tant Annie en Ellie spring al twee in die water om die kind te red en slaag gelukkig daarin om haar veilig aan wal te bring. Nou moet hulle al die kleiner kinders deur die spruit dra. Die water is koud en diep, en drie lede van die geselskap is papnat. Nadat die spruit agter die rug is, is hulle voorwaarts. Onverwags kom hulle in 'n moddersloot te lande en alleen ná 'n groot gesukkel kan hulle uitklouter.

Tot haar ontsteltenis merk tant Annie ná 'n rukkie dat hulle in die donker van hulle koers geraak het, want in die lig van 'n kwaai weerligstraal sien sy dat hulle by 'n groot rietbos is wat hulle juis wou vermy. Omloopkans is daar nie – dit sal te veel tyd in beslag neem. Nou ja, dan maar daarin en daardeur! Die riete maak 'n geraas dat dit wie weet waar gehoor kan word, maar hulle bereik veilig die ander kant. Tant Annie neem Sannie se handjie vaster in hare. Hulle moet nou tussen twee heuwels deur, en aan die voet van een staan 'n fort. Meteens klink onheilspellend in die donker nag 'n skoot by die fort, en die vlugtelinge versteen byna van skrik. Versigtig gaan hulle voort en kom eindelik tussen die twee heuwels. 'n Klompie honde begin skielik kwaai blaf en storm op hulle af. Die vlugtelinge bly doodstil staan, en gelukkig kom die honde net aan hulle ruik en draf daarna terug na die fort.

In die stilte beur hulle nou vorentoe. Meteens verlig 'n weerligstraal weer die toneel en openbaar 'n nuwe gevaar: 'n entjie voor hulle is 'n klompie opgesaalde perde, en elke perd se ruiter staan voor hom met die toom in die hand!

"Hiernatoe!" fluister tant Annie, en so geruisloos as moontlik draai die vlugtelinge skuins weg en verdwyn in die donker. Tot hul groot ontsteltenis kry Sannie, wat nog nie heeltemal van kinkhoes herstel het nie, nou 'n hewige hoesbui. Daar is vir tant Annie geen ander genade nie as om die arme kind se koppie in haar skoot vas te druk om die geluid te demp. Gelukkig gewaar die ruiters nie onraad nie. Nou gaan die vlug maar baie stadig. Die kleiner kinders is moeg en vaak en die moeders moet hulle ente-ente dra.

Eindelik kom die son op en kort daarna bereik die vlugtelinge Jaagspruit, waar hulle hul dors les en 'n rukkie vertoef om die ergste vaak te verdryf. Nadat hulle 'n bietjie uitgerus het, kies hulle koers na 'n lap doringbome. Net toe hulle die kant van die bos bereik, sien hulle drie ruiters naby. Haastig vlug die vroue en kinders die bos in. Die kruisbesstruike sit rooi oortrek met bessies, en die kinders begin dadelik daarvan pluk om hul honger te stil. Tant Annie en Ellie trek dadelik vir hulle droë kleertjies aan en gee elkeen ook 'n stuk brood, waarna die kinders onder die bome gaan lê en slaap. Die perderuiters is skoon vergete.

Na omtrent anderhalf uur gee tant Annie bevel om verder te gaan. "As die Engelse my vang," sê sy, "moet hulle my vér vang!" 'n Paar myl verder kom hulle by 'n groot miershoop aan. Die son is warm en die kinders kan nie verder nie, sodat die vlugtelinge verplig is om weer te rus. 'n Rukkie later toe tant Annie opstaan om maar weer voort te stryk, gewaar sy in die verte drie perderuiters wat reguit na hulle toe aangery kom. Die vlugtelinge gaan dadelik op 'n klompie staan; die klein dogtertjies kruip weg agter hul moeder.

"Ag, tant Annie, wat gaan vandag van ons word?" roep Catherina van Rensburg uit. Die ruiters kom tot vlak by die klompie vroue en kinders en spring uit die saal.

"Neefs," waag tant Annie dit, "is julle Boere of is julle hendsoppers?"

"Nee, tante, ons is Boere. Ons laer staan op Elandslaagte hier oorkant."

Die burgers gesels opgewonde met die dankbare tantes en niggies en daar word oor en weer na familie uitgevra. Een van die burgers kon 'n rukkie bly, maar een moes terug om te verken, en die ander om karre te gaan haal. Toe al drie burgers naderhand weg is, besluit die vroue om 'n entjie vorentoe te sukkel tot by 'n ander miershoop, waar hulle almal gaan sit. Tant Annie bly egter onrustig en staan kort-kort op om die wêreld te bespied. Meteens sien sy weer in die verte 'n groot aantal ruiters wat op hulle afgestorm kom. Sy roep die ander en almal spring op. Die perde lê oop soos die ruiters aangejaag kom. Uit benoudheid hou die drie vroue aan mekaar vas. Gaan hulle nou regtig gevang word?

"Dis nie Engelse nie – dis Boere!" roep Ellie uit toe hulle die ruiters kan beken. "Daar is my man heel voor!"

Onder trane van blydskap groet man en vrou, broer en suster mekaar. Jannie Kies is ook daar, en hy druk sy moeder en susters hartstogtelik aan sy bors. Gou word daar nou karre gehaal, en onder die juigkrete van die burgers ry die vlugtelinge 'n rukkie later die laer binne – vry!

(Mev. Annie Kies is op 16 Julie 1937 in die ouderdom van 81 jaar oorlede.)

Die Huisgenoot, 14 Januarie 1938.

'n Heldedaad op die werf

Mev. P.G.P. Pienaar (gebore Du Preez)

Ek is in 1887 op die plaas Renosterspruit agtien myl van Pietersburg af gebore. Toe die oorlog begin, het my vader en broer gaan veg. Wanneer die kommando naby genoeg aan ons plaas gekom het, het my broer, Jan du Preez, vir hulle kom kos haal. Een nag laat het hy en Hendrik Nel huis toe gekom en is die volgende oggend met ligdag daar weg. Die son het net lekker begin skyn, toe sien ons die Engelse kom, en ons kinders het uitgeroep: "Moeder, Moeder, hier is die Kakies!" Moeder het ons getroos.

Die Engelse het aangekom huis toe en drie offisiere het ingekom. Ek het net 'n klompie tamaties in my voorskoot gehad en het van angs dit vir hulle oopgehou. Die offisiere het gelag en daarvan geneem. Ek kon so 'n paar woorde Engels praat en kon dus op 'n manier verstaan wat hulle wou hê. Hulle het ons huis kom deursoek na ammunisie, maar kon niks kry nie. Op die stoep het biltong gehang en hulle het hulle daaraan gehelp. Onderwyl hulle nog eet, kom 'n Tommie ingehardloop en skreeu: "Hurry, hurry! Here are the Boers!"

Ons hardloop toe almal uit en sien net hier kom my vader verby, gevolg deur my broer Jan, Hendrik Nel, genl. Beyers en adj. Mentz en ander, en toe was dit Boer en Brit deurmekaar. Dit skiet en die koeëls knetter en klap oor die huis. Van skrik het ons op die stoep bly staan en kyk of daar nie van ons familie getref word nie.

Onderwyl hulle nog so veg, skiet my vader 'n Kakie. Hy val omtrent vyftig tree van die huis en wink net om drinkwater. My moeder sê: "Ag, kyk tog, hoe vreeslik! Hy is dors."

Ek as kind dink nie verder nie, gryp 'n beker water en hardloop so onder die koeëls deur en gee hom die water. Ek het by hom gekniel, sy kop opgelig met trane in my oë en hom gehelp om die water te drink. Nadat hy gedrink het, sê hy: "God bless you, my child!"

Ek wou weer terughardloop, maar hy wys my ek moet plat lê – hulle sal my skiet. Hy trek my neer, en ek lê langs hom met my wit rok, wat toe al begin vlek van sy bloed. Die koeëls het nog oor ons gedreun; dit het om ons geval soos harde haelkorrels en die stoffies het links en regs opgeslaan. Ek het my oë toegemaak om niks te sien nie, maar net gewag om ook maar doodgeskiet te word.

Eindelik word die koeëls minder en die geveg gaan meer na Pieters-burg se kant, en toe ek my oë oopmaak, sien ek nog die laaste perde oor die bultjie jaag.

Die gewonde beduie my om sy slobkouse los te maak, en na ek dit gedoen het, hardloop ek huis toe na my moeder, wat my reeds tege-moetkom met uitgestrekte arms.

Die Rooikruiswa het die dooies en gewondes kom wegneem en later het genl. Beyers, my vader, my broer en ander huis toe gekom. My moeder het aan my vader en genl. Beyers vertel wat ek deurgemaak het. Hulle het gaan eet, en genl. Beyers het aan die hoof van die tafel gesit, my geroep en gesê: "Kind, wat is jou naam?" Ek antwoord: "Johanna."

Hy druk sy hand op my kop en sê: "Johanna, dapper Afrikaanse dogter, ek is trots op jou. Jy het vandag gedoen wat baie mans nie sou doen nie … Neem die perd, saal en toom van die oorlede soldaat as geskenk van my aan. Jy moet nooit bang wees in die lewe nie."

Nog dieselfde dag moes ons oppak en vlug. Die Generaal het gesê dit sou die veiligste wees, want die Engelse sal dink ons het verraad gepleeg.

Die Huisgenoot, 29 April 1938.

Die hand in die vrugtefles

Mev. W.A. Bester

Met die uitbreek van die oorlog het ons op die plaas Moolmanspruit in die Ficksburgse distrik gewoon. Ek was toe 'n pas getroude vrou van twintig.

Toe die Engelse begin vroue vang, het ons altyd met wa en osse gevlug, en te perd het ek altyd die klompie agtergeblewe vee help aanjaag.

Kort voor die vrede, op 20 Desember 1901, was ek op die plaas Villiersdrif. My tante en ek het 'n paar oorgeblewe melkkoeie op 'n ou land gaan aankeer. Toe ons naby kom, gewaar ons troepe op 'n koppie. Ons draai dadelik om huis toe. Ons het donker rokke met wit voorskote aangehad met wit kappies op ons koppe.

Skielik is daar 'n reeks harde knalle en ons al twee word teen die grond geslinger. Of ek bedwelmd was, weet ek nie, maar meteens voel ek 'n brandende pyn aan my linkerhand en sien net bloed stroom. Op my geroep kom my tante na my toe en ons sien dat my hand nog net aan 'n velletjie hang. Om die stroom bloed 'n bietjie te keer, knoop sy haar sakdoek styf om my arm en draai ook haar voorskoot daarom, en toe waai sy met haar wit kappie na die Engelse. Daar kom twee perderuiters na ons toe aangery. Ons meen toe dis veilig en begin weer aanstap huis toe. Maar wie sê! Dadelik begin die koeëls weer om ons koppe fluit. Ons val plat en bly so lê totdat die ruiters by ons kom.

"Kyk wat het julle gedoen," sê my tante.

"O Lord," kom dit van een van die twee, "I'll go and get a doctor quickly," en hy sit af na die laer wat daar naby verbytrek. Die dokter het nie opgedaag nie.

Die middag stuur 'n Basothokaptein, Joël, wat op die grens van Basoetoland [Lesotho] gewoon het en die Boere goedgesind was, 'n man om te kom verneem wat se skietery dit was. Ons huur hom vir 'n pond en stuur hom met 'n wit vlag en 'n briefie na die kommando.

Die aand laat kom die dokter en verbind die wond. My tante het intussen die velletjies met 'n skêr afgeknip en die hand in 'n vrugtefles op versterkwater gesit. Die tweede dag kom die kolonne weer verby en die dokter kom weer by ons aan om na die wond te kyk. Hy sê toe dat hulle my die volgende dag na 'n hospitaal sou bring. Die dokter is weg en saam met hom het ook die bottel met die hand verdwyn. Ek wonder of 'n Afrikanervrou se hand vir hom mooi was.

Ons het nie vir die ambulans gewag nie, maar verder gevlug sodra dit die volgende oggend begin lig word het. 'n Paar burgers wat van die ongeluk gehoor het, het karre en perde gebring om ons te vervoer.

Hoe ek die lewe behou het, weet ek nie, want van al die bloedver-lies was ek die meeste van die tyd bewusteloos. My tante, mevrou Jan Scheepers, was my verpleegster, en die geneesmiddel was water waarin perskeblare gekook is.

Die Huisgenoot, 10 Junie 1938.

Vindingrykheid in die veld

Mev. C.J. Prinsloo

Mev. Prinsloo se man was in Januarie 1901 krygsgevangene en sy, haar sewe kinders en suster, mej. Kitty Wessels, het op die plaas Morgenzon naby Bultfontein gewoon. Op 'n oggend het 'n Britse kolonne oor die plaas getrek en het vier soldate hulle in kennis gestel dat hulle die volgende dag na die konsentrasiekamp geneem sou word. Hoewel daar Engelse wagte op die plaas was, het hulle 'n plan gemaak om weg te kom.

Laat die middag besluit my suster en ek om na my skoonvader, Michal Prinsloo, vier myl van Morgenzon te gaan. Ons stuur toe die kinders vooruit met die kinderoppasser. Hulle moes maak asof hulle speel en altyd aanloop. My suster en ek sit voor die deur en maak of ons lees en naaldwerk doen. Die Engelse wagte is tussen ons en my skoonvader. Later gaan ons toe loop sommer sonder kappies – dit was toe nog nie die mode om kaalkop te loop nie. Ons plan was om die aand daar te slaap en die anderdagmôre vroeg terug te kom.

Toe ons my skoonvader alles vertel het, besluit hy en my swaer dat ons liewer moet vlug na Vetrivier se kant toe. Ek was maar te gewillig, want ons vee was op 'n plaas in daardie rigting. Maar ons het niks by ons nie – net die klere wat ons aangehad het. Ek vra hulle toe om te wag, dan gaan ek weer by die wagte verby om klere vir die kinders te gaan haal.

My suster en ek loop die vier myl terug en neem twee swart vroue saam om die goed te dra. Toe ek wou loop, gee ek 'n sakkie met silwergeld wat te swaar was om te dra, aan my dogtertjie en sê sy moet dit oppas. Sy het dit weer aan haar ouma gegee.

Dit het die aand so 'n bietjie gereën en ons loop nie met die pad nie, maar so stil moontlik sommer deur die veld. Daar was so 'n gedruis en geraas in die kamp naby die dorp – ek dink dit was die rede dat die wagte ons nie gehoor het nie. Toe ons in die huis kom, slaan die huisklok net twaalfuur. Ons moes komberse voor die venster hang en pak toe die goed in wat ons dink baie nodig is. Ek pak 'n groot rottangmandjie en my suster 'n reistas, en ons jaag ook die melkkoeie aan wat ek in die kraal gehad het.

Toe ons omstreeks twee-uur die môre weer by my skoonvader kom, was die wa met die kinders en oumense al weg. Daar het darem 'n kar vir ons gewag. Ons het die wa gou gekry, en het die nag 'n groot draai gery om die Engelse te ontvlug. Ons kom die môre met sonop op ons onderste plaas, Sandheuwel, aan en voel baie gelukkig: ons is by die vee en het die vyand ontvlug.

Die volgende dag kom sê 'n swart man wat ek gestuur het om ons perde te gaan haal dat die Kakies kom. "Die bulte is vol." Toe span almal in om te vlug en ek het geen perde nie. Almal is baie haastig. Ek was radeloos. Eindelik kry ek van een van die plaaswerkers 'n jong perdjie en 'n merrie om in te span. Ek sal hulle name nooit vergeet nie: Nelson en Nel. Ons span so gou as moontlik in. Ek en my suster en sewe kinders is in die groot kapkar met die ou swak perdjies.

Ons sit al ons goed op die wa. Ek wou my kinders nie op die wa laat ry nie – ek was bang dat die Engelse die wa sou vat, wat ook gebeur het. Dit is baie sanderig en ons kar bly teen 'n bultjie staan. Ek slaan so wat ek kan, maar die perde wou, of liewer, kon nie trek nie. Ek laat almal afklim en dryf hulle daar uit. Toe was dit afdraand en gaan dit weer beter. Ek jaag ook die waens verby.

Die vyand het die waens met al ons goed gekry – ook die klere wat ons die aand gaan haal het en die sakkie geld wat ek aan my dogtertjie gegee het. Ons vee is alles geneem – vier duisend stuks. 'n Troue ou swart werker het een trop skape in 'n baie diep pan gejaag, maar ongelukkig kom hulle op hom af.

Die aand was die kinders baie honger, want ons het van die oggend af nog niks geëet nie. Gelukkig kom ons by die wa van 'n swaer en daar is mielies op die wa. Hulle kook toe vir ons kaboemielies. Ons was aan die eet, toe kom die berig dat die vyand aankom. Ons het die hele nag deur gevlug, net so 'n bietjie uitgespan. Ek het geen kombers gehad nie, net 'n groot badhanddoek wat toevallig in die kar was. Dit was somer, maar tog koud. My jongste seuntjie was net 'n paar dae gespeen.

Die anderdagmôre kom ons op die plaas Hartenbosch by die familie Rensburg. Hulle was tog so vriendelik. Hulle het dadelik vir ons 'n skaap geslag en 'n emmer melk gebring. Toe kon ons braai en lekker eet. Potte het ons nie gehad nie, ook geen koppie, mes of vurk nie.

Dit was die begin van die vlugtery, wat baie lank aangehou het, want ek het buite gebly tot die bitter einde toe.

Nadat ons goed afgeneem is, het die moeilikheid met die klere begin. Daar was gelukkig nog mense wat nie alles verloor het nie. Een vriendin het my 'n dubbelbedlaken gegee. Daarvan het ek vir my twee klein dogtertjies rokkies gemaak en dit gekleur met doring-boombas; sodat dit soos kasjmier gelyk het. Seunsklere was nog skaarser. Ek het vir een seuntjie 'n pragtige pakkie klere gemaak van 'n voering van 'n ou jas, vir 'n ander een weer 'n pakkie van 'n bruin kombersie.

Daar was 'n vriend wat uitgejaag het – ek bedoel gevlug het met 'n klompie seuns van vriende van hom. Hy het dit baie moeilik gehad om hulle geklee te hou. Hy het 'n seiltjie gehad wat hy graag wou laat verwerk vir klere vir die seuns. Ek het aangebied om dit te maak. Ons het ses pakke seilklere met ons hande gemaak. Ek het so suinig moontlik gesny sodat ek vir my een seun ook 'n pakkie gemaak het. Ek het dit toe uitgekook en was ek tog nie trots op die pak klere nie! Maar hy moes met sy arms ver van sy lyf stap, want seil is mos styf en hard.

Gare het ons nie gehad nie. Ons moes met seildrade werk. Die mense wat 'n stukkie seil gehad het, is as "heeltemal welaf" beskou. Seep was ook 'n baie skaars artikel; vet was volop, maar daar was geen loog of seepsoda nie. Ons het toe 'n sekere bossie gebrand. Ons trek dit bedags uit en brand dit saans, maak die as bymekaar en kook loog vir seep. As dit nie genoeg is nie, brand ons maar weer, tot die seep goed is. Na verloop van veertien dae was my seep klaar en pragtig mooi. Sout was ook soms skaars.

Ons was die meeste van die tyd aan die Vetrivier. Wanneer dit ge-reën het, was die water baie troebel. Ons moes dit dan eers laat af-sak voordat ons kon was. Skottels en baddens was baie skaars. Op 'n dag gaan ons weer was. My dogtertjie staan bo-op die wal en stamp die skotteltjie wasgoed per ongeluk die wal af … en daar gaan al ons klere! Sy hardloop met 'n stok en ná veel gesukkel kry ons dit weer uit. Toe was alles geweek in die vuil modderwater.

Die aand voor Kersfees kom ons op Hoopstad aan en span daar uit. Daar was geen mens nie – net 'n klomp hongerige honde wat aanhou met blaf. Die kinders loop die hele dorp deur en vertel van alles wat hulle gesien het. Een klein seuntjie stap reguit kerk toe. Ek was bang ek sou die kinders verloor, en so 'n verlate dorp is nog baie eensamer as die veld.

Ek het maar weer ingespan en ons het deur die rivier gery en daar geslaap. Naby die dorp was waens uitgespan waar ons vuur gekry het. Op Kersfeesmôre 1901 om tienuur kom ons by my suster aan. Ons het toe darem 'n lekker maaltyd berei, onder meer 'n kalkoen.

Ons het drie maande by Gruisdrif gestaan, waar ons dit vir ons 'n bietjie gerieflik gemaak het. Onder 'n kar met 'n seil oor was ons "spaarkamer". In die winter was dit bitter koud vir die kinders sonder skoene en kouse. Ons het bokwol en skaapwol gespin met 'n baie eenvoudige apparaat wat ons self gemaak het, van gladde draad breinaalde gemaak en kouse gebrei. Ek het ook so tussenin velle gelooi en self skoene gemaak met 'n tafelmes. Ek het altyd gesê die eerste ding wat ek koop as dit vrede is, is 'n knipmes.

Vleis was hier gelukkig volop, ook mielies en sorghum, wat ons met 'n koffiemeul gemaal het vir pap. Melk het ons ook altyd gehad. Ons was ongetwyfeld beter daaraan toe as die mense in die kampe.

Die Huisgenoot, 25 Februarie 1938.

Wat 'n Gesangvers vermag

C. le R.

Tydens die oorlog het bendes op moord- en rooftogte uitgetrek, onder die aanvoering van een of meer wat die plase haarfyn geken het.

So het dit gekom dat 'n bende op 'n aand omstreeks nege-uur die huis omsingel het waarin my ouma, my moeder en twee tantes was. My oom, wat destyds vyftien jaar oud was, het buite wag gestaan.

My moeder-hulle was besig om huisgodsdiens te hou. Intussen het daar swartes nader gesluip. Die voorstes was omtrent dertig tree van die huis toe my oom hulle gewaar. Stil het hy die huis binnegegaan en gesê dat die huis deur minstens dertig of veertig swartes omsingel is.

Maar die huisgodsdiens is voortgesit en weldra het die note van Gesang 20 uit die huis opgeklink.

Die swartes het hul hoede afgehaal en in 'n kring ongeveer twintig tree van die huis gaan sit. Toe die laaste note in die aandstilte wegswerf, het hulle opgestaan en in die donker verdwyn, so stil soos hulle gekom het.

C. le R. in "By die Uitspanning", *Die Huisgenoot*, 8 Januarie 1943. Gesang 20 het in die ou Gesangboek onder meer die volgende bevat: "Waar ons geen schepsel helpt, helpt Hij,/Als alles vlugt, staat Hij nabij;/in rust en veugd, in nood en strijd,/Blijft Hij dezelfde t'aller tijd."

'n Boerenooi se waaghalsige onderneming

J.C. Otto

Dit is aan die begin van Februarie 1902. Die son bak meedoënloos op die honderde markees en ronde tente wat die Howick-konsentrasie-kamp uitmaak. Die vroue is meestal besig met die tenthuishouding.

Twee dae vantevore het Nonnie Human 'n telegram uit die Mere-bankkamp gekry met die tyding dat haar vader, 'n gebroke en sieklike man van oor die sestig jaar, 'n krygsgevangene is. Haar vriendin van Merebank het glo self haar vader op Durban se stasie gesien toe die trein met krygsgevangenes daar aankom. Sy kon aflei dat hulle eersdaags na Indië ingeskeep gaan word.

Nonnie het reeds aan die jong dominee Evert J.J. van der Horst drie pond gegee wat sy van haar karige geldjies afgeknyp het met die versoek om dit aan haar vader te besorg. Ds. Van der Horst het meer vryheid van beweging gehad as die arme vroue wat soos skape tussen die doringdrade ingekraal is. Sy wou in elk geval probeer om by haar vader uit te kom voordat hy as balling weggestuur word.

Nonnie is na die kampkommandant, dr. Hunter, se kantoor. Hy kan soms nogal baie gaaf en tegemoetkomend wees en miskien sal hy haar help. Hoewel sy Engels net gebrekkig ken, kan sy haar goed verstaanbaar maak. Sy vertel omslagtig aan die kommandant van die telegram en vra hom baie dringend om haar verlof toe te staan om haar vader te gaan groet voordat hy weggestuur word.

Die kommandant behandel haar baie beleef, maar sê dat hy nie oor die mag beskik om verlof aan haar gee nie. Hy sal egter vir haar die verlangde toestemming by die militêre hoofkwartier in Pietermaritzburg probeer kry. Hy krap met 'n potlood op 'n aansoekvorm en plaas dit eenkant in 'n vakkie op sy lessenaar.

Met haar terugkeer by die tent vind Nonnie dat ds. Van der Horst pas van Durban af teruggekom het. Hy sê dat hy verlof gekry het om met die krygsgevangenes te praat en dat hy die geldjies aan haar vader oorhandig het. Hy laat daarop volg: "Maar jou vader se gesondheid is nie van die beste nie; die ontberings op kommando het hom gedaan gemaak." Hy sê ook dat dit nog etlike dae sou duur voordat die skip sou vertrek omdat dit nog op 'n paar honderd Transvaalse krygsgevangenes wag.

Aangesien Nonnie nog nie haar planne uitgewerk het hoe om uit die kamp weg te loop as sy geen toestemming kry nie, neem sy die dominee in haar vertroue. Sy ontvang van hom waardevolle inligting. In die volgende paar dae het sy, hoofsaaklik met die hulp van die jong dominee, 'n paar bottels medisyne en warm kledingstukke aangekoop met die geld wat sy nog gehad het.

Drie dae ná haar versoek om verlof gaan vra sy die kampkommandant of daar al enige antwoord op haar aansoek gekom het. Die kommandant antwoord: "Oh, I'm so sorry, Miss, but I've heard nothing yet," maar vervolg gerusstellend dat hy 'n telegram sal stuur.

Skaars was sy by die deur uit of sy draai om en sluip die kantoor weer binne. Die kommandant is agterlangs besig met kantoorwerk en kyk nie eens op nie. Nonnie beloof die klerkie by die toonbank 'n sjieling as hy die papiere in 'n sekere vakkie vir haar wys. Hy doen dit, en soos sy verwag het, vind sy haar aansoekvorm om verlof nog steeds daar. Sy stoot die papiere terug oor die toonbank, betaal die beloofde sjieling en loop net so skelmpies weer uit. Nou het sy vas besluit om weg te loop skip toe, aangesien die bestuur die eerbare weg vir haar gesluit het.

Laat die namiddag van die volgende dag het sy in die kamp gaan stap. Toe sy effens uit die oog is, loop sy meer doelgerig al langs die draadheining, wat hierlangs bestaan uit sewe styfgespande doringdrade. Van deurkruip deur so 'n heining kan geen sprake wees nie. By 'n sekere plek is die grond effens sanderig. Dit word al sterk skemer. Sy kyk oral rond en sien niemand. Sy haal 'n stuk graaf uit wat sy onder haar voorskoot weggesteek het en maak 'n holtetjie wat haar sou help om onder die draadheining deur te kruip. Naby die "duikweg" bind sy 'n wit sakdoekie aan die draad vas. Weer kyk sy of iemand haar nie gewaar het nie en stap haastig terug tent toe.

Alles is reeds tot in die kleinste besonderheid gereël vir die nagtelike avontuur. Die benodigdhede vir haar vader het sy sorgvuldig in 'n bont sak, al wat sy in die hande kon kry, gepak en haar beste rok, kouse en skoene in sterk papier toegedraai. Dis ook reeds afgespreek dat haar suster Katie, wat ook onderwys in die kamp gee, haar die volgende middag na Durban sal volg.

Vroeg die aand, nog voordat dit tyd is om die ligte uit te doof, is alles reeds donker en doodstil in tent nommer 62, maar twee Boerenooiens hou fluisterend kajuitraad. Hulle sal die nag skaars 'n oog toemaak, want albei is senuweeagtig. In tent 65 rol 'n jong dominee ook rond, want hy is bewus van die aanstaande spannende onderneming.

Dis reeds halftwee. Nonnie kan nou nie meer lê nie. Stilletjies staan sy op sonder om die lig aan te steek. Sy voel-voel in die donker. Haar rewolwer met ongeveer tien patrone gespe sy onder die klere om haar lyf vas. Van die dag af dat hulle van Heidelberg weggesleur is, het sy die rewolwer en vyftig patrone op hierdie wyse versteek en deurgesmokkel. Sy trek ou klere aan, soen haar suster en verlaat stilletjies die tent.

Dit is stikdonker. Nie alleen is dit donkermaan nie, maar die lug is bewolk. Selfs die flikkerliggies van die sterre is net af en toe sigbaar. Die wagte sal haar darem nie maklik bespeur nie, tensy sy miskien haar teen een vasloop of rakelings by een verbyskuur. Gelukkig is hulle hier nie so danig op hul hoede teen weglopers nie, want in Natal is daar betreklik min familielede en kennisse van die bannelinge uit Transvaal en die Vrystaat.

Nonnie vleg voetjie vir voetjie tussen die tente deur en gaan dan al langs die heining af in die rigting van die gat wat sy gegrawe het. Sonder baie soek kry sy die deurkruipplek. Sy verwyder die sakdoek, luister goed of sy nie onraad merk nie en kruip dan versigtig onder die draad deur. Anderkant die draad kom sy half orent en luister weer. 'n Skril gefluit verbreek skielik die stilte – so helder asof dit sommer digby haar is. Sy lê roerloos en tuur in die stikdonker, maar merk niks. Toe sy seker is dat daar geen gevaar dreig nie, kies sy half kruipend koers in die rigting van 'n plantasie. Sy ken die omgewing haarfyn, aangesien sy dikwels hier kom hout soek het, en weet presies watter rigting om in te slaan na Howick se stasie. Sy hou ewewydig met die grootpad, maar loop in die veld. Die gras is nat gedou en spoedig is haar skoene en kouse sopnat. Die gloed in die ooste kondig die dagbreek aan. Van die kant van die grootpad hoor sy die stemme van werkers wat op pad is om hul dagtaak te begin. Na nog 'n paar minute stap sy die stasie van die veldkant af binne en pyl reguit na die dameswagkamer. Gelukkig is sy alleen daar.

'n Halfuur daarna koop 'n welgeklede dame 'n tweedeklasretoerkaartjie na Durban, en niemand sou kon dink dis dieselfde vrou wat so bedremmeld die wagkamer binnegeslof het nie. Sy wag in die wagkamer en ná 'n paar minute stoom die trein die stasie binne en klim sy ongeërg op.

Op Pietermaritzburg se stasie waag sy dit skaars om by die venster uit te kyk, maar sy voel aan dat 'n onbekende na haar soek. Daar sien sy onder die mense op die perron 'n vriendelike gesig. Die volgende oomblik kom die vrou na haar en vra gedemp of sy Nonnie Human is. Na haar bevestigende antwoord stel die vriendelike vrou haarself voor as mev. ds. Rousseau en druk drie pond in Nonnie se hand. Sy is totaal verslae en probeer nog protesteer teen die onverwagte gulhartigheid, maar met een enkele handgebaar dwing die predikantsvrou haar om te swyg en na 'n handdruk en 'n haastige goeie wens verdwyn sy tussen die mense. Nonnie besef dat ds. Van der Horst indirek verantwoordelik was vir hierdie liefdesdaad.

Ondanks haar stygende onrus probeer Nonnie haar doodluiters hou toe die trein Durban se stasie binnekom. Sy huur 'n rytuig na die Van Reenen-losieshuis, want sy het reeds voorheen verneem dat die eienares die Boeresaak goedgesind is en sy hoop maar dat sy mev. Van Reenen in haar vertroue sal kan neem.

Toe die rytuig voor die losieshuis stilhou, kom mev. Van Reenen op die stoep uit en nooi haar gas binne. Ongemerk fluister Nonnie iets in haar gasvrou se oor, en die twee verdwyn dadelik na 'n private plekkie. Nonnie val dadelik met die deur in die huis en sê sy wil mev. Van Reenen tog nie in onguns by die owerheid bring as sy dalk daar opgespoor word nie. "Nee, kinta," kom die versekering, "ek is deur en deur Boer en sal jou teenwoordigheid hier nie verklap nie."

Hulle spreek wel af dat sy verder in 'n hotel sal oorbly, omdat moontlike agtervolgers so haar spoor heeltemal sal verloor. Verder moet iemand Nonnie se suster die middag op die stasie gaan inwag. Mev. Van Reenen bied aan om mej. Van Heerden, wat haar met die huishouding help, stasie toe te stuur. Mej. Van Heerden, wat self 'n Boerenooi van die Merebankse kamp is, is eintlik gretig om aan die versoek te voldoen. Nonnie gee 'n duidelike beskrywing van die klere wat haar suster die middag sal aanhê. Nonnie bedank albei, klim weer in die rytuig wat sy solank buite laat wag het, en vra die drywer om haar na die Beach Hotel te bring.

Skaars was die rytuig buite gesig of 'n paar speurders daag by die losieshuis op en verneem of ene mej. Human nie kom losies soek het nie. Verskeie ander losieshuise en kampe soos dié van Pietermaritzburg, Wentworth, Merebank en selfs Jacobskamp is deurgesnuffel, maar sonder resultaat.

Dit was nog taamlik vroeg, en Nonnie het gaan verkenningswerk doen by die dokke. Hier probeer sy vasstel hoe ver die prisonierskip, die Tiger, die see in lê, hoe mens daar kan kom en hoeveel so 'n ritjie kos. Iemand sê vir haar dat die boot sewe myl van die kaai af geanker lê, dat daar af en toe sleepbote na die skip gaan om kos te neem, maar dat niemand, so ver hy weet, sonder spesiale verlof op sulke sleepbote toegelaat word nie. As private persone op 'n plesierritjie na die skip wil gaan, kan hulle 'n bootjie huur vir sowat nege of tien pond.

Nonnie het skaars vier pond by haar. Sy probeer by drie of vier kantore meer inligting kry, maar sonder sukses. Te nuuskierig kan sy ook nie wees nie, want sy weet nie of speurders haar dalk dophou nie. Taamlik moedeloos keer Nonnie die aand na haar hotel terug. Nie lank nie of iemand klop hard aan haar deur. Toe sy die deur oopmaak, kyk sy vas in haar suster se oë.

Die volgende môre gaan die twee susters na die kaai met die verstandhouding om so min as moontlik bymekaar te wees, omdat dit dalk agterdog kan opwek. Toe Nonnie terloops hoor dat twee treine met krygsgevangenes in aantog is, lê sy aan haar suster 'n waaghalsige plan voor.

Nonnie dwaal oënskynlik doelloos rond. Kort-kort stoom 'n trein in, maar daar is nog geen krygsgevangenes nie. Eindelik hou daar weer 'n trein stil. Sy hoor hoe 'n offisier luid skreeu: "Come along, get out and be quick!"

Die 130 krygsgevangenes lyk gehawend. Een van die krygsgevangenes, mnr. Schaap, 'n ou kennis van Nonnie, is verras en bly om haar tussen die vreemde gesigte te sien. Sonder om notisie te neem van die offisier, loop Schaap in die rigting van die bekende. Nonnie wil haar vriend graag 'n handdruk gee, maar sou sy dan nie dadelik uitgeken en gebrandmerk word as iemand wat die Boere goedgesind is nie? Die agterdog kon dalk die Engelse op hul hoede stel en haar hele plan sou dan tot mislukking gedoem wees. Nee, besluit sy, sy moet maak of sy hom nie ken nie, en sy draai haar rug na die bekende toe hy aangestap kom. Verbysterd moes mnr. Schaap omdraai, dronkgeslaan oor die verbasende ooreenkoms tussen hierdie vreemde dame en Nonnie Human.

Die krygsgevangenes klim in die sleepbote. Daar lê vier gereed om hulle na die skip te vervoer. Die eerste drie bote is stampvol krygsgevangenes en behalwe 'n paar gevangenes klim ook 'n paar vroue op, terwyl ook heelwat vleis ingelaai word.

Die stuurman gee aan 'n Indiër die teken om die oorloopplank weg te haal. Hy kry egter onverwags 'n stoot van 'n fris Boerenooi sodat hy eenkant toe steier, en daarop spring twee meisies rats in die boot. Die Indiër sê niks.

Stadig vaar die boot agter die ander aan. Toe hulle 'n entjie weg is, begin een van die offisiere lastige vrae vra: "Waar gaan julle heen?" wil hy weet. "Wel, ons is sommer op 'n plesiervaartjie," kom dit bedaard van Nonnie. "Waar is julle kaartjies of permitte?" "Watter permitte?" kom die teenvraag verbaas. "Natuurlik om met die sleepbote te reis!" laat die ondervraer volg. "En," hervat hy dadelik, "weet julle wat dit julle sal kos?" "Wel, vroeër het ons 'n paar sjielings betaal vir so 'n plesiertoggie en dan het ons sommer lank op die water gebly." Dié opmerking moes die indruk wek dat die dame, hoewel sy gebroke Engels praat, tog voorheen in Durban of altans in Natal gewoon het en 'n gereelde besoeker aan Durban was. "Dit sal julle elkeen 'n ghienie kos," vervolg die uitvraer. "Darem 'n groot verskil tussen 'n ghienie en nege pond," dink albei en knik instemmend, wat die uitvraer voorlopig tevrede stel.

Die krygsgevangenes op die boot is stil. Hulle voel hulle ontuis op die water. Sommige staar met verlangende oë na die vasteland, en trane pêrel in die oë van 'n paar bejaardes. Die droefgeestigheid van 'n tweetal wat naby Nonnie-hulle sit, het opgeklaar toe hulle aan die spraak bemerk dat dit twee Boerenooiens is. Hulle probeer ook dadelik 'n praatjie aanknoop, maar die pogings misluk. Dis vir Nonnie-hulle moeilik om hul landgenote so koel te behandel, maar hulle kan hul plan nie in gevaar stel nie.

By die skip word die hysbak neergelaat, die krygsgevangenes klim groepsgewyse in, die hyskraan swaai terug skip toe en laat hulle op die dek neer.

Die sleepboot skuif stadig nader totdat dit teenaan die skip lê. Nonnie kyk die gesigte van die krygsgevangenes op die dek deur, maar kan haar vader nie onder hulle sien nie. Daar sien sy wel 'n paar bekendes, onder wie ook Stoffel Roets, wat feitlik haar vader se regterhand op kommando was. Sy wuif met haar sakdoek, en dit word beantwoord deur 'n dosyn of meer Boere. 'n Oomblik later sien sy hoe 'n paar manne opsy staan, en daar kom haar gryse vader te voorskyn. Nonnie voel of sy dit van opgewondenheid kan uitjubel soos in haar jong dae toe haar vader van sy lang transporttogte teruggekom het.

Die golwe klots maar gedurig teen die skip en sleepboot, en sy moet feitlik skreeu om haar hoorbaar te maak. Sy verneem dat dit nie so goed gaan met haar vader se gesondheid nie. Hy het nog nie herstel van die swaar koue wat hy in die nag op die nat trokke gevat het nie; die medisyne wat sy gebring het, sal baie welkom wees.

Die offisier in bevel van die sleepboot sien nou dat die nooi hom 'n rat voor die oë gedraai het, maar laat voorlopig niks van sy verleentheid merk nie. Maar toe Nonnie vra om die bont sak met 'n baadjie, broek, twee hemde en medisyne vir haar vader ook in die hysbak te plaas en aan hom te besorg, weier die offisier botweg.

Nonnie sien hoe die voorlaaste mandjie in die hysbak geplaas word en oorswaai na die skip. Nog net een keer en die sleepboot sou ontslae wees van sy hele vrag wat vir die skip bestem is. Sy neem die sak en probeer so naby moontlik aan die hysbak kom. Die hyskraan lig die bak en swaai dit stadig oor die kant van die sleepboot. Nou moet sy haar kans waarneem! Blitsvinnig skiet sy die sak binne-in die hysbak. Die offisier skop 'n lawaai op toe hy sien hoe die hysbak buite sy bereik stadig dek toe swaai en hy dreig om die skeepslui te beveel om die sak in die see te gooi.

Op die dek het die klompie Boere gesien en gehoor wat plaasvind. Skaars het die hyskraan sy laaste vraggie afgelaai of 'n paar jongkêrels is by om die sak te gryp. 'n Paar oomblikke later hou Nonnie se vader die sak triomfantelik omhoog en sê met 'n bewoë stem vir sy twee ondernemende dogters dankie.

Die bont sak op die dek is vir die sleepbootoffisier soos 'n rooi doek vir 'n bul. Hy gee sommer dadelik opdrag dat die sleepboot moet terugdraai. Dawerende applous vir die Boerenooiens kom van die Boere op die dek.

Nonnie en Katie wuif met hul sakdoeke vir hul vader. Hulle sien hoe hy die trane met 'n sakdoek van sy oë vee. Ook in hul oë glinster die trane, wat naderhand so vinnig vloei dat hulle hul vader skaars kan onderskei.

Die sleepboot was reeds 'n paar honderd tree weg toe wuif die grysaard sy dogters nog toe. En dit was die laaste vaarwel, want kort voor die vrede is hy in Indië aan ingewandskoors oorlede en daar begrawe.

Die Huisgenoot, 19 Januarie 1945.

Wegkruipertjie in die spruit

C.M. du Toit

My huisgesin het destyds uit sewe mense bestaan: my man en ek met ons drie kindertjies, 'n ongetroude suster van my, Sannie, en 'n dogtertjie van tien of elf jaar oud, Fien Fourie. Omdat my man besonder swak was van gesig, is hy nie tot aktiewe kommandodiens opgeroep nie, maar moes hy tog dikwels waar nodig diens doen in belang van die kommando's, sodat ons ses ander hulpeloses meer as een maal alleen tuis was. Ons was toe op die plaas Bossiesspruit, net waar die spruit in die Vetrivier loop, en het by Brandfort behoort.

Op 'n dag in Januarie 1901 is 'n Engelse kolonne oor ons werf. Dis 'n geraas en 'n gedoente van die wiele en perdepote, die geskreeu van drywers en veewagters, die gebulk en geblêr van groot- en kleinvee. Hulle neem die hele werf in, waens voor en agter die huis om. Kans vir vlug is daar nie. Nou en dan kom daar 'n offisier aanklop om 'n glas water of melk. Drie maal die dag is ek aangesê om my gereed te hou om saamgeneem te word. Of hulle my vergeet het en of hulle nie meer plek gehad het nie, weet ek nie. Maar toe alles ná ure en ure verby was en dit weer stil word, kon ek weer in my eie huis sing: "Rus my siel!"

Dié dag het die Engelse al ons plaaswerkers weggevoer, en ook die paar melkkoeie, 'n nuwe tentkar en 'n paar nuwe tuie. Hierna was daar 'n tydjie stilte, hoewel ons nooit eintlik gerus gevoel het nie, veral as ons hier of daar die rook sien opstyg van een of ander boerewoning wat afgebrand word.

Een môre word ons voor sonop begroet met kanonskote. Die nag het daar 'n paar kommandomense by ons op die werf geslaap. Hulle moes net gou maak om hul perde in die hande te kry en weg te kom.

Fien word met die baba vooruit gestuur na die rivier se bosse met die twee ander kleintjies op 'n draffie agterna, terwyl Sannie haar bes doen om eetware en ander belangrike goedjies hier en daar op 'n veilige plekkie in die tuin of in 'n sloot weg te steek. Ek sit 'n bont sisvoorskoot aan en pak dit vol met al die nodigste vir die dag, soos brood, gekookte eiers, medisyne, ensovoorts. 'n Groot beker melk bly ook nie agter nie. Eindelik is ons twee haastig agter die kinders aan en het met hulle tussen die bosse en struike deurgesukkel. Ek het 'n mooi plekkie tussen die bome gekies waar ons almal gaan sit het om te rus – byna sprakeloos, want my bors wou toetrek.

Ná 'n hele rukkie word ons verskrik deur 'n kanonkoeël wat oor ons trek met die geluid van 'n klein vulletjie se skreeu. Nie lank nie, toe weer een, maar 'n bietjie verder van ons af. Toe fluit kleingeweerkoeëls by ons verby. Die vyand het 'n klompie burgers bespeur en was besig om op hulle te skiet.

Later die dag het ons 'n tante ontmoet wat ons meegedeel het dat die vyand terug is. Ons het byna sononder tuisgekom en die huis in die grootste wanorde aangetref. Die goed wat nie weggeneem is nie, is oral rondgegooi.

Hierna wou ek nie langer daar bly nie, en my swaer Gert het ons kom haal met 'n ossewa. Nou was ons vier huisgesinne [vroue en kinders] op een plaas en was dit byna 'n algemene vlugtery. Van die burgers het ons gewoonlik op hoogte gehou met die bewegings van die vyand. Hulle kom ons dan sê in watter rigting ons moet vlug, en help ons gou inspan en wegkom. Te alle tye moes ons gereed wees, vroeg of laat, dag of nag. Ons wa het dan ook gedurig gereed gestaan voor die deur, half opgepak, en die osse word naby gehou. Sommige het met kar en perde gevlug.

Dit het gebeur dat ons 'n ent gevlug het tot waar ons dink dis veilig, dan word uitgespan, koffie gemaak en iets genuttig. Nou word kos op die vuur gesit vir die volgende maaltyd. Maar nie te lank nie of die bevel kom: "Inspan en ry, dié of daardie rigting." Nou gaan alles halsoorkop om weg te kom. Die potte met half gekookte vleis word net so geneem en voorop die wa of onderaan die wa vasgemaak tot waar ons weer tot stilstand kom. Hier word dit afgehaal en verder klaar gekook. As alles dan verby is, moet 'n mens nooit praat van al die pret en grappe en die geterg en gespot onder mekaar nie.

Na weer 'n tydjie stilte het ons te gerus geword en die osse te ver laat loop na hul ou weiveld toe. Hier kom weer die tyding: die vyand kom sooos sprinkane oor die aarde van Brandfort se kant af, en ons moet so gou moontlik padgee. Almal wat daar was, het die hasepad gekies, behalwe ons ses. Wat nou gedoen? Ons kies die spruit met sy hoë walle wat nie ver daarvandaan is nie. Êrens in 'n wal ontdek ons 'n soort grot – eers 'n reguit gangetjie van 'n paar voet lank, dan weer een regs, en dan 'n groot opening reguit onder die oppervlakte van die grond in, soos 'n kamertjie. Hierin het ons ons intrek geneem en geskuil tot die tweede dag byna sononder.

Toe kon ons nie langer bly nie, omdat die voedsel wat inderhaas saamgeneem is, op was en die kindertjies behoorlik versorg moes word. Maar ons weet nie wat by die huis of op die werf aangaan nie, en ons moet begin spioeneer.

Eers loop Sannie en toe ek om te sien of ons iets gewaar. Nou is dit al sterk skemer. Sannie waag dit weer, loop nog nader aan die werf, en kom met die berig dat sy mense by die kraal hoor wat besig is om te melk. Ons weet nie wie dit is nie, maar moet dit waag. Sannie gaan nader en opeens hoor ek stemme praat en lag. Maar dit was 'n verligting! Twee burgers, van ons bekendes, het gaan kyk wat op die plaas aangaan en het gedink dat al die vroue weggevoer is kamp toe.

Ons ontdek toe dat die vyand nie op die werf was nie, maar weerskante van die plaas verbygetrek het in die rigtings van Hoopstad en Boshof. Die nag kon ons weer heerlik op ons beddens slaap en die volgende dag met ons gewone werkies voortgaan.

Nog een keer kon ons in die huis oornag. Die volgende môre terwyl ek besig was om ontbyt te maak, kom een van die burgers, mnr. Le Roux, by die agterdeur en sê ek moet 'n bietjie kom luister. Ek luister. Dis 'n gedruis soos van sterk water. Die Engelse was aan die kom. Toe is daar 'n warboel, want die een is besig om sy saal reg te maak en 'n ander werk aan sy skoene. 'n Swaertjie van my, omtrent elf of twaalf jaar oud, is besig om 'n skaap af te slag en 'n ander om koeie te melk. Maar so gou as moontlik is elkeen op sy ryperd en daar trek hulle.

Ons klompie kies weer die spruit en haal uit om by ons grotkamertjie te kom, maar ons was te laat.

Binne drie maande nadat ons in Julie 1901 van die plaas weggevoer is, is my kindertjies al drie aan die skoot van die aarde toevertrou in die konsentrasiekamp van Brandfort.

Die Huisgenoot, 3 Desember 1937.

Tussen twee vyande

Anna Susanna Meyer (gebore Eloff), opgestel deur J.H. van Dyk

Dit was in September 1901. Reeds in November 1900 is ons huis op Groenfontein in die Rustenburgse distrik deur die Engelse afgebrand. Om die een of ander rede, waarskynlik omdat die Boerekommando's op hul hakke was, het hulle ons nie weggevoer na die konsentrasie-kamp nie. Met die paar stukkies of krummeltjies wat aan ons gegun was of wat ons uit die puin gered het, moes ons die veld kies. Agtien maande sou die ossewa, sy tent met dun blik oorgetrek, ons enigste skuiling wees, en die Bosveld met sy rante, klowe en bosse ons skuil-plek.

In die somermaande was dit stil, omdat die vyand bang was vir koors- en perdesiekte, maar die res van die tyd het hulle ons nooit met rus gelaat nie. Soms alleen, maar meestal in geselskap van ander fa-milies, het ons heen en weer gevlug, partykeer diep die Bosveld in en dan weer terug tot by ons huis. Op al hierdie togte was ons nie net afhanklik van Boereverkenners wat ons gereeld ingelig het oor die vyand se bewegings nie, maar ook van die land – die omgewing van die Magaliesberge en Swartruggens – wat ons genoeg skuiling gebied het, en die wa en osse waarmee ons saam met perdekommando's kon vlug. Die span osse was net so goed soos muile. Wanneer klein Labius, ons swart touleiertjie, voor die span is, ons dogters voor op die wakis die sweep swaai en die osse eers begin draf oor die ruwe veld, kon mens die bliktent myle ver hoor, maar nooit het die vyand ons ingehaal nie.

Tog is ons getalle met verloop van tyd uitgedun deurdat die vyand telkens snel bewegende kolonnes agter ons aangestuur, ons soos wild uitmekaar gejaag, en die ongelukkiges wat nie vinnig genoeg kon wegkom nie, gevange geneem en aangery het kampe toe.

En nou, in September 1901, het 'n klompie bekendes en familielede met hul gesinne op Lindleyspoort bymekaargekom. Onder andere was daar my vader, Johannes Frederik Eloff, sy swaer Daniël Erasmus, wie se vrou en dogters reeds in die kamp was, maar wat sy drie seuns nog by hom gehad het; verder die broers Frederik, Gert en Theunis Eloff, Casper van Wyk en Stoffel Fourie, ons laerkommandant en skoonseun van pres. Paul Kruger.

Op 26 September het 'n paar Engelse kolonnes van die Hoëveld op ons afgestorm. 'n Klein Boerekommando'tjie het in aller yl by ons verby gevlug en ons gewaarsku. Ons was genoodsaak om agterna te vlug in 'n noordelike rigting, dieper die Bosveld in na 'n streek waar die Engelse selde of nooit ingedring het, maar wat een van die dorste streke van die Bosveld was. Buitendien het ons geweet dat die omgewing baie onveilig was omdat swart bendes daar ongestoord rondgetrek en geplunder het.

Die bietjie water wat ons in kannetjies op die waens gehad het, was vroeg al gedaan; die osse was flou, die oë diep in die kasse weggesink van die dors en die aanhoudende draf met die waens oor die ongelyk veld. Die gekerm van vroue en kinders oor water sal ek nooit vergeet nie, maar aan stilhou en water soek was daar nie te dink nie, want die agtervolgers het steeds nader gekom.

In die nag het ons weggeswaai in die rigting van Holfontein, waar daar fonteine was. Die plaas was omring deur hoë koppe met ruie bosse. Van ver af kon ons die koppe vaag teen die lug sien, maar het gewonder waarom daar honderde vuurtjies daarteen flikker.

"Mense, ek sê vir julle dis swartes daardie," het oom Daniël Erasmus onrustig opgemerk. "Ag, man," het oom Stoffel gerusstellend opgemerk, "jy wil weer net oproer onder die vrouens wek. Dis veeposte van swartes." Daarby is die saak gelaat, want oom Stoffel was laerkommandant.

Sowat elfuur die aand het ons tussen die koppe deurgetrek. Hier en daar het nog vuurtjies gesmoor. Naby die sloot waarin die fontein was, het ons uitgespan. Sodra die jukke van die osse se skowwe af was, het hulle met 'n woeste vaart op die fonteintjie afgestorm. Die mans moes hardloop om vir die dorstige mense water te skep voordat die diere dit in die modder vertrap. Omdat die fonteintjie swak was, het ons party spanne sonder water aan die jukke vasgebind om hulle dan die volgende môre vroeg te laat drink.

Die stemming in die laertjie het weer opgeruimd geraak. Vure is aangepak en aanstaltes gemaak om kos te berei. Die laerkommandant het vyf jong manne teruggestuur om te kyk of die Engelse nog aankom. Intussen het ons om die vure gesit en gesels. My moeder het 'n skottel deeg geknie om die volgende dag, as dit goed uitgerys is, daarvan vetkoek te bak. Die skottel deeg het sy voorop die wa toegemaak.

Laat, seker lank ná middernag, het ons een na die ander ons slaapplek opgesoek. 'n Paar het naby die laer wag gestaan. Dit was stil, maar tog eienaardig vir baie van ons vir wie die slaap nie so dadelik gevang het nie dat duisende voëltjies gedurig met 'n onrustige getjirp van die koppe af oor ons laer heen na die bosse langs die sloot gevlieg het. Wat sou hulle in hulle slaap steur?

Die oggend vroeg het my vader en oom Daniël hulle osse losgemaak en my boetie Corrie en sy neef Johannes Erasmus, skaars dertien en veertien jaar onderskeidelik, aangesê om saam met Labius die osse te laat suip en sommer die ketel vol te maak vir koffiewater.

Daar het lewe in die laertjie gekom. Ons kon die mans onrustig hoor fluister. "Mense, ons is omsingel deur swartes," kon ek iemand wat 'n entjie van die waens af geloop het, hoor sê. My vader het my moeder en ons kinders kalm gewaarsku.

Die angs het ons meteens beetgepak; ons kon die gedagte aan moorde wat reeds op vroue en kinders gepleeg is, nie verdryf nie. Ons het almal dieselfde vrees gehad: my broertjie tussen die vyandige swartes ...

Die mans – daar was ongeveer vyf en twintig, van wie twintig gewapen was, party met net vyf patrone – het hul geweers gegryp. Hulle het omtrent tagtig tree van die waens af stelling ingeneem, om nie tussen die vroue en kinders te veg nie. Die posisie wat hulle in die oog gehad het, was 'n klein rantjie, maar toe hulle daar kom, het swartes dit reeds beset. Links en regs probeer hulle, maar rondom het die swartes gedurende die nag elke bossie en klip in beslag geneem. In die skemerdonker kon hulle die swartes sien rondkruip. Ernst Coetzer, een van die mans wat hul taal goed kon praat, merk 'n paar ongeveer twaalf tree voor hom.

"Wat soek julle?" vra hy in hul eie taal, maar dieselfde oomblik knal daar 'n skoot en hy val agteroor met 'n koeël deur sy voorkop.

Van alle kante het die swartes nou onder die geblaas van waldhorings aangestorm. Die geveg het so hewig geword dat die mans moes retireer tot aan die kant van die laer, en daar moes hulle sonder dekking of skuiling op hul knieë staan en skiet. Die vroue het soos skape in 'n kraal rondgedwaal. Die waens het uitmekaar en in die oop veld gestaan. Net ons wa het langs 'n bos gestaan en daarheen het almal gevlug. Die swartes het so geweldig op die bos gevuur dat die bome naderhand byna sonder blare was.

Een van die mans het die gevaar besef. "Julle moenie so opeendring nie," het hy vir ons geskreeu, "julle sal almal doodgeskiet word!"

My suster Hannie is een van die eerste wat opspring, maar met dié tref die koeëls haar – twee gelukkig deur die klere, maar een deur die palm van haar hand. Dieselfde oomblik raak 'n koeël die ysterketel wat onder die wa hang, en een van die splinters tref haar in die wang, sodat een van haar tande uitgeslaan word. My suster Tiena het agter die mans aangehardloop, maar hulle het haar teruggejaag.

Omtrent halftien, toe die geveg op sy hewigste was, kom my broertjie alleen die laer ingestap – stokflou. Reeds vroeg die môre het hy en sy maats hulle teen die vyandige swartes vasgeloop. "Witmense!" het hulle geskreeu. "Vang hulle!"

Myle ver het hulle die seuns rondgejaag. In die vrugteboord van 'n nabygeleë plaas het my broertjie hulle ontglip. Hy het eers deur 'n kweperlaning gespring, waar sy ketel bly vassteek het, en daarna die lemoenboord ingevlug. Tussen die rye bome met takke laag op die grond het hy telkens soos 'n vlakhaas kortom omgespring en sy agtervolgers ontduik. Koeëls het vir hom geen verskrikking meer gehad nie, en so het hy sy pad deur die laer gevind. Van sy maats kon hy geen verslag gee nie. Doodmoeg het hy soos 'n houtpop bo-op die wakis gaan sit en die koeëls uitgetart.

Die toestand het uiters haglik begin word. Die ammunisie het begin opraak. Baie van die osse wat nog aan die jukke vas gestaan het, was doodgeskiet. Die aanvallers het, sonder om hulle te veel bloot te stel, die kring al hoe nouer getrek. Daar moes dus plan gemaak word om uit te vlug. Die laerkommandant was net besig om bevele te gee dat die waens in dieselfde rigting uittrek as wat ons die vorige nag gekom het, toe die swartes hom bemerk. Hy was goed bekend onder hulle. Ons kon duidelik hoor hoe hulle sy naam uitroep, en tegelykertyd sak hy neer met drie koeëls deur die bors.

Met die hulp van vroue en kinders is party van die waens ingespan onder 'n koeëlreën. 'n Klomp waens moes in die slag bly, want die osse was óf weggeneem óf dood. Ook ons wa moes bly staan. My broertjie, nou van sy skrik bekom, het inderhaas van ons beddegoed op die waens wat ingespan was, gegooi, die skottel deeg op sy kop gesit en met 'n emmertjie vet in die hand en my moeder aan die ander hand ingehaak, saam met die waens uitgevlug.

Daar word koers gevat na die nek waaroor ons die vorige aand gekom het, maar oom Daniël Erasmus, wat die plek van oom Stoffel as laerkommandant ingeneem het, merk dat al die swartes na dieselfde nek afstorm om die aftog vir ons af te sny. Meteens laat hy ons omswaai en in die teenoorgestelde rigting vlug.

Ernst Coetzer was dood en ses mans en my suster gewond. Twee gewondes, Casper van Wyk en Jan Jacobs, moes agterbly. Eersgenoemde was lig gewond aan die been, maar hy kon nie loop nie. Sy seun Karel moes hom na die laer dra, maar hy word ook in die been getref, sodat hy sy vader moes neersit. Die orige mans moes die uitvlugtende waens beskerm. Party het voor geloop, ander aan die kante, en die res moes die agterhoede dek. Verskeie osse is in die vlug doodgeskiet. Die strop en riem word dan maar afgesny en sy maat moet die juk sleep.

Tussen elf- en twaalfuur was ons buite gevaar. Die verkenners wat ons die vorige nag uitgestuur het en wat deur die swartes van ons afgekeer is, het nou weer by ons uitgekom. Op die plaas Uitkyk het ons by 'n ander vrouelaertjie waarby 'n klompie burgers was, aangekom. Dié wat perde gehad het, is aangesê om die swartes agterna te sit. Hulle was egter reeds weg toe die burgers op die toneel van die geveg kom. Die swartes het alles saamgeneem en die waens aan die brand gesteek. Gelukkig kon die burgers 'n paar waens van die vlamme red. Op die slagveld het hulle oom Casper van Wyk gevind waar sy seun hom die môre neergelê het, maar hy was dood en gruwelik vermink. Vir Jan Jacobs het hulle in 'n bos gekry waar hy weggekruip het met 'n wond aan die voet.

Op Uitkyk het die treurige begrafnis van die gesneuweldes plaasgevind. Die gewondes het gelukkig herstel. Eers die derde dag na die geveg het klein Johannes Erasmus by ons uitgekom.

Die Huisgenoot, 5 November 1937.

'n "Tannie" hendsop die Skotte

H. van der Merwe (Rabie)

My man en ek is albei gebore Vrystaters van die distrik Fauresmith. Toe die oorlog uitbreek, het ons op 'n plaas naby Oos-Londen geboer. Ons het dadelik alles te gelde gemaak en terug na ons land laat vat. Al wat ons oorgehou het, was twee perde wat geskik was vir sowel trek as rywerk.

Op Springfonteinstasie is my man van die trein af met die twee perde om by die Fauresmithse kommando aan te sluit en ek is na my moeder in Bloemfontein. Daar het ek egter nie lank vertoef nie, want ek het verneem dat daar 'n groot behoefte was aan verpleegsters in die tydelike hospitaal op Jacobsdal, terwyl die meeste groot gevegte destyds plaasgevind het op Magersfontein en Belmont in die rigting van Kimberley.

Die reis van Bloemfontein na Jacobsdal op 'n oop wa was nie juis aangenaam nie. Bedags het die son ons gebak en snags het die koue windjie oor die vlaktes gesny. Een aand was dit so koud dat ek dit nie op die wa kon uithou nie en toe het ek my komberse gevat en agter een van ons osse gaan skuil. Ek het my kooi onderkant die wind vas teen sy rug opgemaak vir warmte.

Op Jacobsdal moes ons ons in die noodhospitaal so goed as moontlik behelp. Daar was nie genoeg dokters nie en geen opgeleide verpleegsters nie. Meer as een dag het ek gevoel dat ek kon vlug as ek die dokters moes bystaan waar hulle bene of arms moes afsit of ernstige wonde bewerk. En intussen hoor jy maar aanhoudend die geknetter van gewere en die gebulder van kanonne op 'n afstand en gedurig kom daar vragte gewonde burgers.

Ons was nogal wonderlik gelukkig met ons pasiënte. Daar het werklik wonderbaarlike genesings plaasgevind. Ek herinner my dat een van die pasiënte agt wonde gehad het. Een skoot was deur die onderlyf. Sy regterbeen was af en ook sy linkerarm. Boaan die been is 'n stuk vleis so groot soos sy vuis deur 'n stuk van 'n bom uitgeruk, ensovoorts. So oorkruiskreupel as wat hy was, het hy 'n paar honderd tree ver aangekruip na 'n dammetjie water en daar flou geword. Toe die Engelse ambulans by hom kom, het hy aan hulle gesê om hom tog maar te laat lê, omdat daar tog niks aan hom te doen was nie. Ons ambulans het later daarlangs gery en hom ingebring. Hy het heeltemal gesond geword.

'n Ander geval wat 'n diep indruk op my gemaak het, was dié van 'n man wat deur die gorrel geskiet is. As hy 'n mondjie vol water insluk, het dit weerskante uitgespuit. Maar nie te lank nie of hy het nog net oor 'n bietjie keelseer gekla.

Ná 'n paar maande het daar 'n goed ingerigte ambulans uit Nederland opgedaag en kon ons die werk met dankbaarheid aan hulle oorgee. Toe het ek en my man saam op kommando gegaan om ons siek of gewonde burgers in 'n veldtent te verpleeg. Ek het te perd gery en was gewapen met 'n rewolwer, wat ek egter nooit nodig gehad het om te gebruik nie.

Te midde van al die ellende het 'n mens partykeer darem ook pret gehad. 'n Arme kêrel moes baie spot verduur omdat hy daar so kaal van afgekom het. Die vyand was kort agter hom en hy wou deur die Modderrivier probeer swem met sy klere in 'n bondel op sy kop en sy geldbeursie tussen sy tande. Toe hy omtrent in die middel van die rivier was, bars daar meteens 'n bom bokant sy kop. Van skrik maak hy sy mond oop en daar trek sy geld en die bondeltjie klere! In Adamsgewaad moes hy maar verder vlug, totdat een van die burgers hom 'n onderbroek gegee het en iemand anders 'n reënjas.

Toe die vyand die Vrystaat intrek, het die meeste van ons burgers die wapens neergelê in die vermoede dat die oorlog op 'n end is. Toe dit blyk dis nie so nie, het hulle op 'n streep weer die wapens opgeneem.

In ons distrik het die vyand lelik huisgehou. Hulle het ons plase verniel, vee doodgemaak of weggevoer en ons wonings afgebrand. So het hulle op 'n dag weer op Metz, die plaas van my man se ouers, verskyn en my man en sy broer Faan op ons kar gelaai om hulle na die tronk op Jagersfontein te vervoer. Ek wou graag ons perde red en het dus saamgery. Op Jagersfontein het hulle die twee in die gevangenis opgesluit op die aanklag dat hulle spioene is en my aangesê om te gaan. Ek het toe onderdak gevind in die huis van mnr. en mev. Willie Hertzog, broer van die Generaal. Intussen het ek opgelet wat die Engelse met ons twee perde aanvang.

Die aanklag teen Sarel en Faan was baie ernstig en dit net omdat hulle die klere van gesneuwelde Engelse offisiere aangehad het toe hulle gevang is. Klere het toe al begin skaars word onder die burgers. 'n Soort krygsraad is gehou deur 'n paar Engelse offisiere wat van Bloemfontein af moes oorkom en dus niks van die saak af geweet het nie, en hulle het albei ter dood veroordeel. Hulle moes die volgende Maandagoggend doodgeskiet word.

Gelukkig het ek byna al die burgers geken wat in die omtrek op kommando was en ek het met hulle in verbinding getree en hulle laat weet van die ellendige toestand waarin my man en sy broer verkeer het.

Ek het ook verlof gekry om elke dag vir die twee iets te ete te stuur en elke dag het ek 'n nuwe plan bedink om vir hulle tyding in te smok-kel dat hulle moes moed hou en gereed moes wees as hulp opdaag. So was dit op 'n dag 'n onskuldige koek, aan die kant waarvan ek 'n gaatjie ingeboor het om 'n klein briefie daarin te druk wat styf op-gerol was. Daarna is die gaatjie weer sorgvuldig toegemaak met 'n groot koekkrummel.

Eindelik het ek van ons kommando's tyding ontvang dat hulle Maan-dagmôre voor dagbreek die dorp sou storm om die twee uit te haal. Aan die kant van Jagersfontein waar die burgers die inval sou doen, het my moeder se suster, tant Johanna de Klerk, gewoon. In haar ag-terplaas was 'n ry buitekamers waarin 'n klompie Skotte met hul kort rokkies hul intrek geneem het. Daar by my tante het ek die nag gaan deurbring.

Dit was nog donker toe ons gewaar dat ons burgers deur die kop-pies aangestorm kom. Terwyl ek hulle tegemoethardloop, dam my tante die Skotte by wat nog lê en slaap. Sy klop hard aan die deure en skree: "Hands up, julle ellendige goed! Hands up! Hier is die Boere!" En terwyl hulle nog half deur die slaap is, met die skrik op die lyf, ge-luk dit haar werklik om hul gewere en ammunisie in die hande te kry en dit aan die burgers oor te gee.

"Kom na die tronk toe, kom gou," jaag ek ons burgers aan. "Dit is netnou lig."

Die dorp was toe ook al in rep en roer. Baie van die vyand het die myn ingevlug, omdat hulle nie geweet het wat aan die gang is en hoe sterk die kommando is nie. In werklikheid was dit maar 'n stuk of twintig Boere.

Uit die huise word van alle kante op ons geskiet. Ons vriende wou hê ek moes gaan skuiling soek, maar ek kon op daardie oomblik nie aan my eie veiligheid dink nie. Nog dieselfde oggend voor sonop sou Sarel en Faan tereggestel word.

Toe die wag voor die tronkdeur ons sien aankom, sluit hy die deur oop om na binne te vlug. Terselfdertyd spring my man en Faan uit. Dit was 'n bestiering dat 'n koeël wat die wag sy lewe ontneem het, hulle nie ook getref het nie.

Ek het skaars tyd gehad om hulle te groet, en het hulle amper ook nie herken nie, want in die veertien dae het hul baarde taamlik lank uitgegroei.

Faan wou opsluit eers gaan afreken met maj. King-Hall, 'n Engelse offisier wat baie kwaad in ons distrik aangerig het. Hoe ons ook al daarop aandring dat hy moet kom, en dat ek hulle sal gaan wys waar ons twee perde op stal staan, nee, King-Hall moes eers verbykom! En toe iemand hom die huis van die majoor wys, stap hy reguit daarheen. Hy klop aan die deur, maar niemand maak oop nie. Toe draai hy die slot en stap in. Daar was 'n lang gang en net met die inkom sien hy 'n lelike Engelsman van die ander kant af na hom aangestap kom.

Sonder versuim lig hy sy geweer op, want die Engelsman doen dieselfde en die man wat die eerste skiet, het die beste kans. Die vloer was glad, en toe die skoot val, gly Faan se voete onder hom uit en hy slaan neer op sy rug. Natuurlik was sy eerste gedagte dat hy gewond is, maar toe hoor hy hoe die spieël aan die end van die gang in duisend stukkies spat! Die lelike Engelsman met die wit uilbaard was nie King-Hall nie, maar Rooi Faan self!

Daardie selfde aand het soldate die huis van my vriende omsingel, my gevange geneem en in die tronk gestop. Daar het hulle my ses en dertig uur sonder kos en water laat sit sonder dat ek 'n lewende wese gesien het. Eindelik het 'n klomp soldate my kom uithaal, op die trein gesit en na Port Elizabeth gestuur. Ek was twee jaar in die tronk op sewe verskillende plekke.

Intussen is my man saam met my broer W.A. Rabie weer krygsgevange geneem en na Indië gestuur, waar hy die tyding ontvang het dat ek dood en begrawe is. Dit moes hy glo totdat my suster, die latere "Tannie van Die Brandwag" in een van haar briewe aan ons broer terloops gemeld het dat ek in die konsentrasiekamp van Springfontein opgesluit is.

Die Huisgenoot, 12 November 1937.

Rolla red haar maat

Mev. L. Bosch

Ons was in die oorlog "wilde Boere", dit wil sê ons het van plek tot plek gevlug om die gevreesde konsentrasiekampe te ontduik. Ons ses kinders het saam met diere grootgeword, en Moeder het dikwels gesê dat, as sy elke kind sou toelaat om 'n troeteldier huis toe te bring, ons huis meer na 'n dieretuin as iets anders sou gelyk het. Daar was nie net katte en honde nie, maar byna altyd ook meerkatjies, hanslammers, mak voëls en konyntjies – om van perde nie eens te praat nie.

Toe ons so moes vlug, was dit vir ons kinders baie swaar om ons maatjies onder die sorg van ander agter te laat. Gewoonlik het ons hulle ook nie weer gesien nie. Ons honde het darem altyd saamgegaan, en Sannie, ons huiskat, het saamgevlug solank die oorlog geduur het. Sy moes dikwels ook haar hele familie saamneem tot groot blydskap van ons kinders, wat dan in die wa met die katjies kon speel. Baiemaal ook moes ons so skielik op die vlug gaan dat 'n hok met eendjies of kuikentjies nie kon agterbly nie en ook maar op die wa moes kom.

Teen die end van die oorlog het ons naby Hoopstad langs die Vetrivier gestaan. Behalwe ons ligte wa, getrek deur twaalf muile, waarmee ons die hele oorlog gevlug het, was daar nog 'n paar waens en karre van ander vlugtelinge. Ons twee honde, Rolla, 'n waardevolle jaghond, en Hektor, 'n jong boerhond, was saam met die trek, en natuurlik ook Sannie die kat.

Vader was gelukkig met verlof by ons toe die tyding kom dat die Engelse op ons hakke is. Daardie holderstebolder inspan en inpakkery was ons kleinspan al gewoond, en ons het gou ons plekke ingeneem. Skaars het ons weggetrek of die eerste bomme trek oor die agterste waens. Onder die tentdak sit ons stil en angsbevange styf teen mekaar. Vader het self die leisels en ons ry so vinnig as moontlik voort. Die honde draf soos gewoonlik onder die wa tussen die agterwiele. Weer gons 'n bom oor ons en nog vinniger word die muile aangejaag. Meteens hoor ons 'n aaklige getjank. Hektor het seker geskrik en onder die wiel beland. Ja, daar aan die een kant van die pad sien ons hom half orent sukkel, terwyl hy ons agternakyk en jammerlik huil. 'n Paar ander honde wou hom net bevlieg, maar Rolla spring met ontblote tande tussenin en dit laat hulle gou terugdeins.

In die wa heers daar die grootste verwarring. Ons skree en gaan tekere. Hier is vir ons iets baie erger as die Engelse gevaar! "Pappie, hou stil! Arme Hektor! Tel tog vir Hektor op!" klink dit van alle kante. Die oudste boetie wil sommer uit die wa spring, maar Moeder hou hom vas. Vader is naderhand vererg en spreek ons streng aan, hoewel hy byna net so sleg voel.

"Julle sien hoe naby die Kakies is! As ons nou stilhou, word ons sekerlik gevang, en ons hou die ander mense ook terug en stel hulle in gevaar. Wil julle in die kampe sterf?"

Toe ons ure later 'n bietjie uit die gevaar was en tot stilstand kom, merk ons op dat Rolla ook nie by die wa is nie – wat die trane opnuut laat vloei. Vader het gemeen dat die Engelse haar gevang het, aangesien elkeen wat kennis van honde het, kon sien dat sy goed geteel was. Nou maar verdrietig verder trek sonder ons getroue ou maats.

Drie dae later, toe Vader ons in veiligheid gebring het en weer na sy kommando moes vertrek, kom Rolla doodmoeg en uitgehonger by die wa aan. Hoe het ons haar nie getroetel en gevoer nie!

Dit het ons geluk om die hele oorlog die konsentrasiekamp te ontduik en ons ses kinders was ná die oorlog in blakende gesondheid en het skerp afgesteek by die maer en bleek gesiggies van ons nefies en niggies wat net uit die kamp aangekom het.

Net ná die vrede kom Vader op 'n dag naby die plek verby waar die ongeluk gebeur het, maar aan die oorkant van die rivier. Wat was sy verbasing groot toe hy by 'n boerewoning aankom en Hektor daar voor die deur gewaar. Die hond was nou uitgegroei en fris en gesond. Hy het sy vroeëre baas ook nie vergeet nie, maar hom bly tegemoetgekom.

Die plaaseienaar het aan Vader vertel dat 'n groot jaghond op 'n dag deur die rivier aangesukkel gekom het met die halfverlamde jong hond. Hulle het die arme dier versorg en kos gegee en wou die jaghond ook baie graag daar hou, maar nadat sy glo gemerk het dat die jong hond in goeie hande is, het sy weer laat vat. Hoe sy die stomme dier weg van die vyand en deur die rivier gekry het, sal ons nooit weet nie.

Vader wou Hektor graag vir ons terugkoop, maar die boer en sy kinders wou nie van hom afsien nie en ons was toe maar bly dat hy gesond geword en 'n goeie baas gekry het.

Die Huisgenoot, 9 Junie 1939.

Op drie pote konsentrasiekamp toe

Mev. C. Bell

Ons het op die plaas Hangklip, distrik Zastron, gewoon. Op 24 Mei 1894 is my een broertjie gebore, op die dag dat ons nuwe klein hondjie, Jack, vier dae oud was. Witoog, Jack se ma, was baie lief vir my ander boetie, Fransie, en ek kon op Witoog vertrou dat sy hom sou oppas.

Solank Moeder in die bed was, moes ek die huiswerk doen. Boetie Fransie het so lekker met sy kleiossies sit en speel dat ek hom skoon vergeet het. Meteens roep Moeder: "Hester, waar is Fransie?"

Ek het gaan soek, maar kon hom nie kry nie. Toe kry ek 'n plan, wys vir Witoog Fransie se hoedjie, en daar gaan sy! Sy soek die huis deur en snuffel daarna op die werf rond totdat sy die regte spoor kry. In oom Petrus se lande kry sy Fransie. Hy het teen dié tyd al baie gehuil, want dit was meer as twee myl dat hy verdwaal het. Witoog het Fransie aan die klere beetgepak om hom terug te bring, maar vergeefs. Sy het toe deurmekaar geblaf en getjank totdat oom Petrus kom kyk wat aangaan.

Toe hy daar kom, kry hy vir Fransie. Hy spring van sy perd af en wil hom optel, maar net as hy aan die kind vat, wil Witoog hom byt. Eindelik sê hy: "Witoog, kom ons gaan na julle huis!" en tevrede is die hond. Oom Petrus het Fransie se een handjie beet en Witoog het die ander liggies in haar bek. Oom Petrus het alles aan Moeder gaan vertel, want ek was te bang om dit te doen. Fransie het dadelik aan die slaap geraak. Die nag toe hy wakker word, was hy baie siek. Sy bors het toegetrek en die vierde dag daarna is hy dood, twee jaar en drie maande oud.

Witoog het baie getreur, en op sy graffie is sy dood. Ma het al Witoog se kleintjies weggegee, maar Jack het sy gehou. Sy het hom saam met Boetie aan haar bors grootgemaak.

In die oorlog was Jack baie getrou aan ons. Dit was die einde van

November 1901 so teen die laaste van die maand. Ons kinders het siek gelê aan die masels en Pa was op kommando. Moeder was besig om 'n paar akkers broodkoring te oes. Hans, ons enigste swart werker, het Ma gehelp en Jack het by ons gebly om, indien die kinders sieker word, Ma te gaan "roep". Ons het almal aan die slaap geraak, en toe ek weer hoor, blaf Jack hier by ons. Ek kyk toe wat daar skeel, en merk die hele huis is vol Engelse.

Ek sê net: "Jack, waar is Ma?" Hy sit die rieme neer en kom al tjankende by Ma, gryp haar aan die rok en trek aan haar, en dan hardloop hy weer 'n ent vorentoe en weer terug, en Ma moes net hardloop om by te bly. Sy sê sy het geweet daar is gevaar.

Toe Ma by die huis kom, het die soldate ons al uit die bed en buitekant. Ma praat mooi en sê ons is siek, maar dit baat niks. Hulle steek die huis aan die brand, en sy spring in om 'n paar van die nodigste goed te kry.

Die Engelse was ook al besig om die hoenders dood te maak. Jack het seker gedink dis darem te erg en sit hulle agterna, maar een van hulle kap een van sy boude net bokant die hakskeen af.

Ons is kort daarna op 'n oop wa na die kamp op Aliwal-Noord vervoer. Ma het baie gepraat oor Jack, die arme hond wat ons so getrou gedien het. Sy het altyd gewonder wat van hom geword het.

Op 16 Februarie, Ma se verjaarsdag, maak sy die tent oop, en wat sal sy dien? Hier lê Jack voor die tent!

"Hoe op aarde het jy geweet ek is hier, my arme hond?" roep sy uit en gaan aan die huil van blydskap. "My arme hond, hy dink soveel van sy ounooi dat hy op drie bene na haar gaan soek!"

'n Paar maande daarna was dit vrede en ons is terug plaas toe. Tien jaar hierna is Jack dood. My pa was toe weg, en Moeder het na die pampoenland gegaan en die getroue Jack het saamgegaan. Meteens het hy 'n ystervark gewaar en hom stormgeloop. Een van die penne het sy dood veroorsaak deurdat dit in sy longe gesteek het. Ons het Jack soos 'n kind begrawe.

Die Huisgenoot, 28 Julie 1939.

'n Engelse vlugteling se ervarings

Mev. K.F. Atkinson

Ons Engelssprekendes het [net voor die uitbreek van die oorlog] gemeen dit sou die beste wees om oor die grens te kom. Ons geselskap het bestaan uit 'n vriend met sy vrou en kinders, my skoonsuster en haar ses kinders, my suster en haar kind en ek en my twee kindertjies. Ons het melkkoeie saamgeneem om die kinders van vars melk te kan voorsien. Ons moes ook voorsiening maak vir kos, vuurmaakgoed en water.

Ons is van Lydenburg na Carolina, maar reeds lank voordat ons daar aangekom het, het ons Boerekommando's teëgekom op weg na die grens en Volksrust – waens, perdekarre en ruiters van alle oorde, almal op weg om vir hul land, vlag en vryheid te veg. Saans wanneer ons uitspan, het hulle dikwels ons laer besoek, beleef gegroet en verneem wie ons is en waarheen ons gaan.

Die osse het mettertyd pootseer geword; party kon skaars loop, maar ons het maar so vinnig moontlik vorentoe gebeur om die grens te haal. Ons het al hoe meer kommando's teëgekom wat ons met die grootste hoflikheid en bedagsaamheid behandel het.

Toe ons uiteindelik op Sandspruit aankom, was daar talle kommando's, want dit was 'n uitspanplek. Baie mense het met ons kom gesels en die jong manne het met ons geskerts en gepraat van ons osse buit. Hulle het geweet dat ons Engelse is, maar nietemin het ons geen vrees vir hulle gehad nie, want dit was goedmoedige plaery. As 'n mens aan al die jong manne dink wat ons so vriendelik en gaaf behandel het, voel ons waarlik trots op ons Suid-Afrikaners.

Ons volgende uitspanplek was Volksrust. Daar was duisende mense. Ongeveer twee myl uit die dorp het twee offisiere, luitenante Du Toit en De Jager van die Staatsartillerie, ons ingewag. Hulle het ons leier beleef aangespreek, maar aangesien hy geen woord Afrikaans verstaan het nie, het ek, wat al hier en daar 'n woord geken het, van die wa afgespring en van hulle verneem wat hulle wou hê. Hulle sê toe dat hulle Engels ook kon praat en dat hulle ons waens 'n paar dae wou kommandeer. Ons het eers baie beswarе geopper, maar later ingestem. Toe het hulle voortgery en ons het gevolg. Hoewel ons nou taamlik begin vrees het, het ons darem probeer voorgee dat ons heeltemal gerus is. Toe ons op die dorp aankom, het die twee offisiere ons na 'n kampeerplek gelei wat 'n hele entjie van die kommando's af weg was. Dit was al laat die middag, maar hulle wou onmiddellik die waens gehad het. Maar hulle het toe net een wa en twee spanne osse geneem om kanonne en ammunisie te vervoer. Dit is 'n bietjie humoristies of liewer ironies om daaraan te dink dat 'n Engelsman se osse en wa die eerste kanonne na 'n vesting vervoer het om sy eie mense mee te skiet.

Ons het toe kamp opgeslaan en dinge vir ons so gerieflik as moontlik ingerig. Een van die mans wat by ons was, het die wa en osse vergesel. Die offisiere het ons na die hotel uitgenooi op staatskoste terwyl ons osse weg was, maar ons het die uitnodiging van die hand gewys. Hulle het ook aangebied om 'n wag by ons kamp te plaas en gesê dat ons net moes vra as ons iets nodig het; maar teen dié tyd was ons taamlik kort van draad en ons het al hul aanbiedings geweier. Hulle het belowe dat sodra ons osse terugkom, hulle aan ons 'n "pas" sou gee om oor die grens te gaan. Die osse het die derde dag na ons aankoms teruggekeer en trou aan hul woord, is die "pas" aan ons gegee, waarna ons met 'n vriendelike handdruk die aand die reis weer aanvaar het.

Na vier jaar is ons eindelik weer terug na ons verlate en verwaarloosde wonings in Transvaal. Ons moes van nuuts af weer begin. Ons het ons ou Boerevriende op dieselfde voet van goedgesindheid aangetref as voor die oorlog. Ons het ons ondervindings oor en weer vertel, maar mekaar nooit verwyte na die hoof geslinger nie.

Die Huisgenoot, 13 September 1940.